तरक़्क़ीपसंद तहरीक और सज्जाद ज़हीर

AF813813

वाणी प्रकाशन
नयी दिल्ली-110002
फोन : 23273167, 23275710 ● फैक्स : 23275710
e-mail : vani_prakashan@yahoo.com
vani_prakashan@mantraonline.com

तरक़्क़ीपसंद तहरीक
और
सज्जाद ज़हीर

सम्पादन व संकलन

शकील सिद्दीक़ी

वाणी प्रकाशन का 'लोगो'
विख्यात चित्रकार मक़बूल फ़िदा हुसेन की
कूची से

ISBN : 81-8143-433-1

वाणी प्रकाशन
21-ए, दरियागंज, नयी दिल्ली-110002
द्वारा प्रकाशित

प्रथम संस्करण : 2006
© सुरक्षित
मूल्य : 75.00

शुभम ऑफसेट, दिल्ली-110032
में मुद्रित

TARQQIPASAND TAHRIK AUR
SAJJAAD JAHEER
edited and collected
by Shakeel Siddiqi

अनुक्रम

संदेश

प्रिय शकील भाई!

सज्जाद ज़हीर की स्मृति में जो पुस्तिका आप संपादित कर रहे हैं, उसके लिए बधाई। लेनिन ने कभी कहा था कि खुद महान् उपलब्धियाँ पा लेना और ऊँचाई छू लेना बड़ा काम है पर हजारों को एक हाथ ऊपर उठा देना—उससे बड़ा काम है। ज़ाहिर है, जो हजारों को ऊँचाई छूने के अभियान में लगाते हैं वे सबसे नीचे पायदान पर होते हैं। हाथ नीचे रखते हैं, ताकि हथेली पर लोग पैर रख सकें। ऐसे लोग जो कुछ भी लिखते हैं, वह उनके जीवन-कर्म की डायरी होती है। सोच, कर्म और प्रभाव को एक आँख की निरंतरता में देखते हैं। सज्जाद ज़हीर हमारी आधुनिक संस्कृति के ऐसे ही स्रष्टा हैं जिनका मूल्यांकन इससे नहीं हो सकता कि उन्होंने क्या लिखा और कितना लिखा, उनका मूल्यांकन उनके जीवन के लम्हे-लम्हे में बिखरा है। लेखकों की ज़मात कह सकती है कि उनका क्या योगदान है? अकेले चार-पाँच किताबों से उनके कृतित्व का कितना आधार बनेगा? इतिहास ऐसी जमात पर हँसेगा और थूकेगा। मित्रो, सज्जाद हीर का काम हिंदुस्तान की अवामी ज़िंदगी मैं फैला है। एक-एक आदमी में उसका अंश है। जनता और उनका अंशी-अंश संबंध है। उन्होंने भारतीय भाषाओं के लेखकों का नेतृत्व किया। साहित्य की परंपराओं में से लोकधर्मी परंपरा को केंद्र में लाए। संवेदना की दिशाएँ बदलीं। सबसे नीचे की श्रेणी के आदमी को साहित्य में नायक की भूमिका मिली, साझी संस्कृति को मजबूती मिली, साहित्य में परिवर्तनकामी चेतना समृद्ध हुई, और यह सब इस तरह हुआ कि राजनीति में भले ही जनता अभी भी हाशिए पर हो, साहित्य में वह केंद्रगामी भूमिका में है। किसी लेखक की हिम्मत नहीं होती कि वह खुलकर सत्ता का समर्थन करे और बूर्ज्वा समाज की पक्षधर हो। सच्चा ध्रुवीकरण इसी संसार में दिखता है। इस उपलब्धि के लिए प्रगतिशील आंदोलन को श्रेय मिलता है, प्रगतिशील आंदोलन को जन्म देने और उसे प्रभावकारी बनाने में सज्जाद ज़हीर की भूमिका अहम है। इसलिए यह

श्रेय इस संगठन के ज़रिए सज्जाद ज़हिर को है। *रौशनाई* इस साक्ष्य को तन्मयता के साथ प्रस्तुत करती है। सज्जाद ज़हीर के शताब्दी वर्ष में यह देखना होगा कि उनकी रौशनाई से लिखे गए अक्षर काग़ज़ से ज़्यादा ज़मीन पर अंकित हैं। उनके सामने सैकड़ों पोथियाँ काग़ज़ की नाव नज़र आती है।

सज्जाद ज़हीर शताब्दी वर्ष का शुभारंभ 5. 4. 2004 से हुआ है। इसका समापन 4. 9. 2005 को होगा। प्रगतिशील लेखक संघ के लोगों की जिम्मेदारी है कि वे अपने इस महान पुरखे के कृतित्व को समग्रता से देखें। कार्यकर्ता बनकर समझें। गरीबी, सांप्रदायिकता, फासीवाद और साम्राज्यवाद से लड़ने में उनके काम और लेखन से मदद लें। जानें के जो काम उन्होंने शुरू किया है, वही अधूरा है। इस भ्रम से मुक्त हों कि लेखक समाज से भी बड़ा होता है, कार्यकर्ता से बड़ा प्रधानमंत्री होता है। इसे प्रमाणित करने की ज़रूरत नहीं है कि सभ्यता और संस्कृति के विकास में लेखकों से बड़ी भूमिका कार्यकर्ताओं की रही है। सज्जाद ज़हीर ने तो दोहरी भूमिका अदा की। वे सेनानायक और सैनिक दोनों रहे। *प्रगतिशील लेखक संघ* और *इप्टा* की जिम्मेदारी है कि वह पूरे देश में इस नायक के काम को विस्तार से ले जाए। मुझे भरोसा है कि आज के संस्कृतिकर्मियों और रचनाकारों की आँखें खुलेंगी। ज़मीन से ऊपर उठकर जीने वालों की तुलना में सतह पर रहकर काम करने, अनुभव सहेजने और रचनाकर्म निभाने वाले सृजनधर्मी यशस्वी होंगे।

राष्ट्रीय प्रगतिशील लेखक संघ ने शताब्दी वर्ष के लिए एक कैलेंडर तैयार किया है। सभी प्रदेश से लेकर जिला इकाइयों से निवेदन किया है कि वे अपने स्तर पर सज्जाद ज़हीर स्मृति समारोह आयोजित करें। उनकी पुस्तकें *रौशनाई* तथा *पिघला नीलम* (कविता संग्रह) वाणी प्रकाशन, नई दिल्ली से छपी हैं। *रोशनी का सफ़र* सारांश प्रकाशन, नई दिल्ली से प्रकाशित है। कोशिश की जा रही है कि उनकी सभी कृतियाँ उर्दू तथा हिंदी में प्रकाशित हों। *वसुधा* उन पर केंद्रित विशेषांक तैयार कर रही है। श्री शकील सिद्दीकी इसके अतिथि संपादक हैं। अनुरोध है कि जिसके पास सज्जाद साहब का कोई भी दस्तावेज हो, वह उसकी छाया प्रति उन्हें भेजें। भेजने वाले का यह योगदान होगा। इकाइयाँ जो कार्यक्रम करें, उसका प्रतिवेदन, समाचार-पत्रों की कतरनें तथा छायाचित्र मेरे पास भेजें, ताकि समारोह में उन्हें प्रस्तुत किया जा सके। वर्ष भर के लेखे-जोखे में उन्हें शामिल किया जा सके। मैं सभी लेखक मित्रों से अनुरोध करता हूँ कि वे अपने इस कथानायक को याद कर ऋण अदायगी की एक कोशिश करें।

कमला प्रसाद

महासचिव
(राष्ट्रीय) प्रगतिशील लेखक संघ

भूमिका

भारी उथल-पुथल के बीच कितना कुछ बीत गया है पिछली सदी में। तब्दीलियों की बयार में बहुत कुछ कालातीत हुआ है। कितनी शख़्सियतें थीं आलीशान बिसरा दी गयीं। कितने संगठन ऊँचे आदर्शों वाले बिखर गए, आदर्श झूठे साबित हुए और कितने शब्द एक समय में जिनकी बड़ी आनोबान थी, सिद्धांत जिनका बड़ा ढिंढोरा था, गरिमाविहीन होकर मुरझा गए, परंतु प्रगतिशीलता बतौर शब्द और विचार कभी अप्रासंगिक नहीं हुई। उसकी ज़रूरत भी बाकी है, प्रतिष्ठा भी। समूचे भारतीय साहित्य का आज वह केंद्रीय यथार्थ है। प्रगतिशीलता प्रासंगिक है तो *प्रगतिशील लेखक संघ* क्यों अप्रासंगिक होने लगा। संगठन शेष है तो आंदोलन की आँच भी शेष रहेगी।

साहित्य की इस गरिमापूर्ण उपलब्धि के लिए प्रमुखता से जिस एक व्यक्ति को श्रेय दिया जा सकता है वह हैं सज्जाद ज़हीर उर्फ बन्ने भाई। सज्जाद ज़हीर यानी कथाकार, कवि, कार्यकर्ता, संगठनकर्ता, राजनीतिक-सांस्कृतिक कार्यकर्ता और आंदोलनकर्मी, सांप्रदायिकता, धर्मांधता तथा रूढ़िवाद विरोधी मुहिम के अग्रपुरुष, स्वाधीनता संग्राम के विशिष्ट सेनानी।

सज्जाद ज़हीर यानी जीवन और कला में सुर्खफूल की गहरी आभा। लंदन में प्रगतिशील लेखक संघ के संस्थापकों में एक। भारत में इसकी पहली इकाई (दिसंबर 1935) के गठनकर्ता, प्रगतिशील लेखकों के प्रथम अखिल भारतीय सम्मेलन (लखनऊ, अप्रैल 1936) के प्रमुख आयोजक, प्रगतिशील लेखन आंदोलन के प्रस्थापक, सिद्धांतकार और दिशावाहक, प्रतिबंधित कहानी संग्रह *'अंगारे'* (1932) के संपादक तथा कहानीकार, जौनपुर के लखनवी बाशिंदे। बार-ऐट-ला। कहा जा सकता है कि सज्जाद ज़हीर ने लखनऊ सम्मेलन की ऐतिहासिक संपन्नता के बाद प्रगतिशील लेखन आंदोलन की सुसंगत शुरुआत को वैचारिक अभियान की धार न दी होती, तो भी बीसवीं सदी की चौखट से थोड़ा पहले और बाद में रचे जा रहे साहित्य का आधुनिक चेतना तथा प्रगतिशील सोच के प्रभाव से बचा रह पाना संभव नहीं था। ग़ालिब, हाली,

इक़बाल व जोश की शायरी के बाद प्रेमचंद स्वयं इस स्थिति का सबसे बड़ा उदाहरण हैं। *प्रगतिशील लेखक संघ* की स्थापना से लगभग सत्तर वर्ष पूर्व *उमराव जान अदा*, जैसे उपन्यास का लिखा जाना भी इसकी दूसरी अहम मिसाल है। वहीं आचार्य रामचंद्र शुक्ल के आलोचना कर्म के प्रभाव में एक नई रचना दृष्टि के विकास की संभावनाएँ प्रबल हो आई थीं।

फिर सज्जाद ज़हीर ने ऐसा क्या किया कि उनके जन्मशती वर्ष (5 नवंबर, 2004-2005) में उन्हें व्यापकता में याद करने की जरूरत महसूस की जा रही है, उन पर विशेषांक निकल रहे हैं तथा भारत-पाक के साथ लंदन में भी उनकी जन्मशती के आयोजन हो रहे हैं।

सज्जाद ज़हीर का सबसे बड़ा कारनामा यह है कि उन्होंने साहित्य के संदर्भ में जटिल संरचना वाले भारतीय समाज की ज़रूरत को गहराई से समझा था और जाना था कि साम्राज्यवादी गुलामी से जकड़े धर्मांधता, रूढ़िवाद और मध्ययुगीन सामंती नैतिकता से ग्रस्त, पुरानी केंचुल छोड़ने-न-छोड़ने के द्वंद्व में फँसे समाज में किस सोच का संचार बदलाव की छटपटाहट गहरी कर सकता है। कौन-सा विचार उसमें सामंतवादी दमन व साम्राज्यवादी गुलामी के खिलाफ़ मजबूती से खड़े होने का साहस भर सकता है। इस समझ व चिंता के आधार पर ही उन्होंने प्रगतिशील आंदोलन के सिद्धान्तकार की प्रतिष्ठा अर्जित की, यही कारण है कि प्रगतिशील लेखन तथा आंदोलन की जो सैद्धांतिकी उन्होंने रची, उसे न केवल उर्दू-हिंदी बल्कि अन्य भारतीय भाषाओं के लेखकों ने भी सामयिक मार्गदर्शन के रूप में स्वीकार किया। प्रेमचंद को अपने इस अभियान का सर्वाधिक समर्थ दृष्टिसंपन्न रहनुमा मानना भी उनकी व्यावहारिक सैद्धांतिकी का ही हिस्सा है। कहना चाहिए कि जीवन व कला के प्रति उनके दृष्टिकोण के निर्माण में उनके लंदन प्रवास (1927-1935) का बड़ा दखल है। यूरोपीय जीवन पद्धति, लेखन और आंदोलनों का उन पर गहरा असर था—यद्यपि उसके सारे सरोकार भारतीय थे।

''हमें अपने मुल्क हिंदुस्तान में भी, नए ख्यालात, नए तहजीब, अदबी रुजहानात के सूत्र उन ऐतिहासिक परिवर्तनों में ढूँढ़ने चाहिए जो उन्नीसवी सदी में हमारी मुशश्रत (समाज) में हुए।

तरक्की पसंद अदबी तहरीक का रुख मुल्क के अवाम की जानिब और मजदूरों, किसानों और दरम्यानी तबके की जानिब होना चाहिए। उनको लूटने और उन पर जुल्म करने वालों की मुखालेफत करना, अपनी अदबी काविशें से अवाम में शंअर, हिस व हरकत जोशेअमल और इत्तिहाद पैदा करना और उन तमाम आसार व रुजहानात की भी मुखालेफत करना जो जुमूद (ठहराव) रजअत व पस्तहिम्मती पैदा करते हैं, हमारा अव्वलीन फर्ज है।''

(रोशनाई)

इस लक्ष्य को पाने के लिए उनका जोर इस बात पर था कि–

"अदीबों और दानिश्वरों के समाजी फ़रायज़ उसी वक्त कामयाब हो सकते हैं, जब वह शअरी तौर पर अपने वतन की आज़ादी की जद्दोजहद और वतन के अवाम की हालत सुधारने की तहरीकों में हिस्सा लें, सिर्फ दूर के तमाशाई न हों बल्कि जहाँ तक मुमकिन हो अपनी सलाहियतों के मुताबिक़ आज़ादी की फ़ौज के सिपाही बनें।"

(रोशनाई)

यानी कि सज्जाद ज़हीर रचना के भीतर चल रहे संघर्ष को बाहर भी घटित होते देखना चाहते थे, इस तरह वह लेखक के सामाजिक-राजनीतिक कार्यकर्ता नेता होने के सिद्धांत का समर्थन कर रहे थे, जैसा कि वह स्वयं थे। प्रगतिशील आंदोलन से जुड़े उनके रचनाकारों ने उनकी इच्छा को परंपरा का रूप दिया जो आज भी जारी है। प्रेमचंद ने भी लेखकों से जनता की रहनुमाई की अपेक्षा की थी। वह चाहते थे कि सृजन संघर्ष की बेचैनी पैदा करे जबकि सज्जाद ज़हीर समाज में साहित्य की विश्वसनीयता के लिए जनसंघर्षों में लेखक की भागीदारी को ज़रूरी मान रहे थे : प्रेमचंद सौंदर्य की कसौटी आहवान का आह्वान कर रहे थे, जबकि सज्जाद ज़हीर 1932 में ही *'अंगारे'* की कहानियों के ज़रिए नयी सौंदर्य दृष्टि का उदात्त उदाहरण प्रस्तुत कर चुके थे। कहने की ज़रूरत नहीं कि प्रगतिशील लेखन, आंदोलन तथा लेखकों का संगठन बनाने की ठोस आधारभूमि तैयार करने में इस संग्रह की महत्त्वपूर्ण भूमिका थी। इसके कहानीकारों द्वारा अप्रैल 1933 में नए या आधुनकि साहित्य के प्रचार-प्रसार के उद्देश्य से लेखकों का संगठन बनाने के प्रस्ताव ने जैसे उर्वर धरती में एक बीज रोप दिया था।

यद्यपि लेखकों का संगठन बनाने की बात बहुतों के गले के नीचे नहीं उतर रही थी, कुछ इसे उर्दू लेखकों की कोई चाल मान बैठे थे। लेखक या साहित्यकार को स्वभावतः प्रगतिशील मानने के कारण प्रेमचंद इसके नाम से सहमत नहीं थे, परंतु सज्जाद ज़हीर ने अपनी मेधा, परिश्रम व प्रतिभा से न केवल लेखक संघ की अनिवार्यता साबित की, बल्कि प्रगतिशीलता को समकालीन जीवन की नितांत प्रासंगिक अवधारणा के रूप में प्रतिष्ठित किया। कहना चाहिए कि चिंतन की यह आधुनिक अवधारणा लंदन में इस लेखक संघ के प्रथम संगठन के बावजूद, लंदन से इलाहाबाद या लखनऊ नहीं आई बल्कि लखनऊ, इलाहाबाद, दिल्ली होती हुई लंदन पहुँची।

"यह तो हम शुरू से ही समझते थे कि लंदन में रहकर हिंदुस्तानी अदब पर न तो असर डाला जा सकता है और न आला किस्म का तख़्लीकी काम ही हो सकता है। लंदन की अंजुमन कायम होने से जहाँ बहुत फायदे हुए वहीं यह एहसास भी पक्का हो गया कि दस-पाँच जलावतन हिंदुस्तानी सिवा इसके के आपस में मिल-जुलकर तरह-तरह के मंसूबे बाँधें और यूरोपी कल्चर से असर कुबूल करके यतीम किस्म

का अदब पैदा करें, ज़्यादा कुछ नहीं कर सकते। सबसे बड़ी बात जो हमने उस ज़माने में यूरोप से सीखी वह यही थी कि तरक्की पसंद मुसन्निफ़ीन की तहरीक (प्रगतिशील लेखकों का आंदोलन) उसी वक्त बारआवर हो सकती है जब हिंदुस्तान की मुख्तलिफ़ ज़बानों में इसकी तरवीह हो और जब हिंदुस्तान के अदीब इस तहरीक की ज़रूरत को समझकर उसके मकासिद को अमली जामा पहनाएँ.... ।''

(यादें)

यहाँ इस उल्लेख की अपनी प्रासंगिकता है कि लंदन में *प्रगतिशील लेखक संघ* की स्थापना करने वालों में सज्जाद ज़हीर ही अकेले ऐसे व्यक्ति थे जिन्होंने भारत में इसके विस्तार में प्रमुख रूप से रुचि ली, इसलिए लंदन से वापसी के बाद उनका देश के विभिन्न हिस्सों का भ्रमण तथा वहीं के लेखकों से उनका संवाद और संपर्क, प्रगतिशील आंदोलन के फैलाव के प्रति उनकी चिंता को ही रेखांकित करता है। क्षेत्रीय भाषाओं के कुछ रचनाकारों से वह लंदन प्रवास के दौरान ही संपर्क साध चुके थे, अतः लखनऊ सम्मेलन के दो वर्ष के अंतराल में ही कलकत्ता में दूसरे सम्मेलन का होना आंदोलन के विस्तार का एक पड़ाव था। रवींद्रनाथ टैगौर जैसे कालजयी रचनाकार द्वारा इस सम्मेलन का स्वागत किया जाना भी कम महत्त्वपूर्ण नहीं है। अगले चार सालों में यह आंदोलन देश की दस भाषाओं तक अपनी पहुँच बना चुका था। 1942 में बंबई में हुए चौथे अखिल भारतीय सम्मेलन में पूर्वी, पश्चिमी भारत की भाषाओं के लेखकों के साथ ही कन्नड़, तेलुगू व गुजराती भाषाओं के अनेक प्रसिद्ध रचनाकार सम्मिलित हुए। उर्दू, हिंदी, बांग्ला और पंजाबी के लेखक तो इसमें पहले से ही शामिल थे। इस सम्मिलित में दिन-प्रतिदिन इज़ाफ़ा हो रहा था। मात्र छः वर्षों में एक साहित्यिक आंदोलन का यह विस्तार निश्चय ही विस्मयकारी था।

इस विस्तार में हीरेन मुखर्जी, डा. अलीम, रशीदजहाँ, महमूददुज्ज़फ़र, डा. अशरफ़, अली सरदार जाफ़री, शिवदान सिंह चौहान व कृश्न चंदर इत्यादि की अपनी भूमिकाएँ थीं, लेकिन सज्जाद ज़हीर की नेतृत्वकारी सक्रियता को केंद्रीय हैसियत प्राप्त थी। व्यक्तित्व की संघर्षशीलता, दृष्टिकोण की स्पष्टता, वैचारिक दृढ़ता, जटिल से जटिल मुद्दों पर भी संतुलित व बेबाक राय, असहमति में भी संवाद की गुंजाइश तथा लक्ष्य के प्रति एकाग्र समर्पण से वह लोगों को गहरे तक प्रभावित करते थे। उनके चुंबकीय व्यक्तित्व का आकर्षण अपनी जगह था जबकि ब्रतानिवी दमन तथा युद्ध विरोधी सक्रियता के कारण वह सन् 1939 में तथा उसके बाद कई बार गिरफ़्तार हुए बकौल कमर रईस।

"....उनका कारनामा यह है कि उन्होंने तेजी से बदलते हुए हिंदुस्तानी समाज, इंसानी रिश्तों और अनामी तहरीकों में इस तहरीक की जड़ों को ढूँढ़ निकाला और इस तहरीक का रिश्ता आज़ादी, जम्हूरियत और समाज इंसाफ़ के लिए हिंदुस्तानी अवाम और सारी दुनिया के अवाम की बढ़ती हुई जद्दोजहद से जोड़ा और मजबूत बनाया।"

उनकी युद्ध विरोधी सक्रियता के भी निश्चित राष्ट्रीय व अंतर्राष्ट्रीय संदर्भ थे। वह समझ रहे थे कि भारत तथा शेष विश्व के अवाम की भलाई साम्राज्यवादी फ़ासीवादी युद्ध के खिलाफ़ खड़े होने में है फासिज्म की मोहलिक बबा से बचने के लिए वहाँ के बेहतरीन दानिश्वर गोर्की, रोमा रोलां, बर्ट्रेंड रसेल वगैरा भी यूरोपीय अवाम को रजमत और इस्तमअरियत और जंगबाजी के खिलाफ़ सफ़आरा होने का पैगाम दे रहे थे। लंदन प्रवास के दौरान ही वह मार्क्सवाद के प्रभाव में आ गए थे। वह वहाँ कम्युनिस्ट पार्टी के सदस्य भी बने। भारत की आजदी के पक्ष में उन्होंने वहाँ प्रदर्शन भी आयोजित किया। छात्रों के एक पत्र का संपादन किया। इन सबसे अलग जुलाई 1935 में पेरिस में मैक्सम गोर्की, रोमा रोलां, आंद्रे मालरो, टामस मान तथा हैनरी बारवस इत्यादि के प्रयासों से आयोजित 'वर्ल्ड कांग्रेस ऑफ राइटर्स फॉर द डिफेंस ऑफ कल्चर, से उन्होंने जनसंघर्षों में हिस्सेदारी तथा जनमुक्ति और फासीवादी हमलों से कला व संस्कृति की रक्षा के लिए लेखकों-कलाकारों की एकजुटता का हौसला व संकल्प प्राप्त किया। ऐतिहासिक महत्त्व की इस कांग्रेस में वह भारतीय प्रतिनिधि के रूप में मौजूद थे।

यूरोप में साम्राज्यवाद फासीवाद विरोधी सक्रियता के कारण वह भारत के ब्रतानिवी प्रशासन के लिए 'खतरनाक कम्युनिस्ट' की पहचान बना चुके थे। देश वापसी के बाद यहाँ के कम्युनिस्ट आंदोलन और स्वाधीनता संग्राम के मुख्य सहयोगी बनकर इस पहचान को उन्होंने सघनता ही दी। उन्होंने लगातार यातनाएँ झेलीं, कष्ट उठाए, परंतु इस पहचान को कभी धूमिल नहीं होने दिया। वह संयुक्त प्रांत के चीफ जस्टिस के पुत्र थे, उनके सभी भाइयों ने ऑक्सफोर्ड से शिक्षा प्राप्त की थी। पंडित नेहरू सहित अनेक राष्ट्रीय नेताओं तथा विश्व की अन्य महान विभूतियों से निकट परिचय होने के बावजूद मजदूर किसान आंदोलन का सहयात्री बनने में उन्होंने कभी संकोच नहीं किया। यहाँ तक कि विभाजन के समय कम्युनिस्ट पार्टी ने जब उनसे पाकिस्तान जाकर वहाँ कम्युनिस्ट पार्टी का गठन करने का दायित्व सौंपा तो समूची चेतना से विभाजन विरोधी होने के बावजूद परिजनों को उदास छोड़कर उन्होंने वहाँ जाना स्वीकार किया। जहाँ थोड़े दिनों बाद ही वह सेना के साथ सरकार का तख्ता पलटने के षड्यंत्र करने के आरोप में गिरफ्तार कर लिए गए। लंबा कारावास उनकी नियति बना। वह निर्दोष थे फिर भी गिड़गिड़ाना, माफी माँगना उन्होंने स्वीकार नहीं किया क्योंकि वह सावरकर की परंपरा के सेनानी नहीं थे।

इस वैचारिक दृढ़ता के साथ ही वह प्रगतिशील आंदोलन का नेतृत्व कर रहे थे जो नित नए विस्तार प्राप्त कर रहा था। खाँटी कम्युनिस्टों द्वारा आरंभ किए गए एक आंदोलन के सम्मोहन से सभी भाषाओं के छोटे-बड़े लेखक कवि खिंचे चले आ रहे थे। ऐसा वैचारिक शून्यता के कारण नहीं बल्कि वैचारिक जनतांत्रिकता अथवा उदारता के कारण संभव हो पाया था।

सज्ज़ाद ज़हीर सन् 36 में ही स्पष्ट कर चुके थे कि प्रगतिशील होने के लिए कम्युनिस्ट होना जरूरी नहीं है। ठीक उसी तरह जैसा कि वह मानते थे कि क्रांतिकारी साहित्य की रचना के लिए क्रांति का ढिंढोरची होना आवश्यक नहीं। उन्होंने लिखा कि जो शायर क्रांति को एक आतंकवादी कार्यवाही या हिंसा की संस्कृति के रूप में चित्रित करते हैं, वो क्रांति के दर्शन से अनभिज्ञ हैं। इसी आधार पर उन्होंने जोश मलीहाबादी जैसे कद्दावर शाइर की घन गरज वाली नज़्मों को नापसंद किया था। उनकी स्थापना थी कि कवि को उद्घोषक नहीं होना चाहिए और न कथाकार को क्रांति या संघर्ष का व्याख्याता।

"शाइर का पहला काम शाइरी है वअज़ (उपदेश) देना नहीं। इश्तरकियत (साम्यवाद) और इंकलाब का उसूल समझाना नहीं है, उसूल समझने के लिए किताबें मौजूद हैं...आर्ट ऐसा आला है जो हमारे जेहन पर लतीफ व नाजुक तरीके से असर डालता है... ।"

"तरक्की पसंदों के नजदीक अदब एक फने लतीफ है। ज़िंदगी को ज्यादा हसीन, ज्यादा मानीखेज बनाने का वसीला है..."

इस रूप में उन्होंने प्रगतिशील लेखकों के लिए समकालीन सामाजिक यथार्थ, संस्कृति तथा साहित्य की पुरानी परंपराओं, यहाँ तक कि प्राचीन साहित्य के बारे में गहरे परिचय को जरूरी माना। पार्टी लाइन पर साहित्य रचने की स्टालिन की तथा स्टालिनवादी भारतीय आलोचकों की लाइन को दृढ़ता से रद्द किया। प्रगतिशीलता के लिए प्रेम संवेदना को खारिज करने की प्रवृत्ति का उन्होंने विरोध किया।

प्रगतिशील आंदोलन में व्याप्त जनतांत्रिकता दरअसल उनके दृष्टिकोण की व्यापक उदारता की देन है जो रणदिवे काल की रामविलासी कट्टरता से दौर विशेष में आहत अवश्य हुई पर समाप्त नहीं। विविध आयामों के रचनाकारों को एक प्लेटफॉर्म पर लाने, मुत्तहिद करने के उनके प्रयासों की सफलता इस बात पर निर्भर थी कि किसी एक भाषा के प्रति अपने झुकाव से उन्होंने दूसरी भाषा के रचनाकारों को उपेक्षित अनुभव नहीं होने दिया। विशेष रूप से हिंदी-उर्दू विवाद के बहुत गहरा हो आने के काल में, जब प्रगतिशील लेखकों के बीच भी मतभेद सतह पर आने लगे थे, उन्होंने उर्दू-हिंदी क्षेत्र की वास्तविकताओं को स्वीकार करते हुए देश की सभी भाषाओं की रक्षा विकास का सिद्धांत प्रतिपादित किया तथा इस विवाद के प्रति वैज्ञानिक, व्यावहारिक तथा संतुलित दृष्टिकोण अपनाने पर बल दिया। उर्दू के विकास रक्षा के लिए उनकी हिंदी पक्षधरता का खास महत्त्व है। उन्होंने हिंदी सीखी भी। यहाँ तक कि उन्होंने दो भाषाओं के लिए सामान्य लिपि के फार्मूले से सहमति का भी मन बना लिया था। इस संदर्भ में उनका लंबा लेख 'हिंदी-उर्दू और हिंदुस्तानी" (सितंबर 1947) विशेष रूप से चर्चित रहा। यहाँ उस घटना को भी याद करते चलें जब अगस्त 67 में लखनऊ में आयोजित उर्दू लेखकों के एक बड़े सम्मेलन की अध्यक्षता

के लिए उन्होंने यशपाल का नाम प्रस्तावित किया जो फारसी लिपि के विरोधी होने की वजह से काफी ख्याति अर्जित कर चुके थे। अवश्य ही उन्हें साहित्य में प्रेम, रोमांस, यौन प्रसंगों, अश्लीलता, शिल्प, व अन्य प्रकार के रूपवाद, पुरानी शाइरी के पुनर्पाठ जैसे मुद्दों से और धार्मिक सवालों से भी लगातार मुठभेड़ करनी पड़ी। प्रत्येक बार दृष्टिकोण की दृढ़ता एवं विवेक की प्रखरता ने उन्हें खरा साबित किया।

उनमें असाधारण साहित्यिक प्रतिभा थी। यह बात अलग है कि वह साहित्येतर गतिविधियों के कारण कम लिख पाए। फिर भी उन्होंने जो लिखा महत्त्वपूर्ण, पठनीय व संग्रहणीय है। चाहे वो *'अंगारे'* की कहानियाँ हों या उपन्यास *'लंदन की एक रात'*, गद्य कविता का संकलन *'पिघला नीलम'* हो, फारसी शाइर हाफिज का पुनर्मूल्यांकन, नाटक *'बीमार'* हो, उनके विभिन्न विषयों पर लिखे गए निबंध हों या प्रगतिशील आंदोलन का आलोचनात्मक वृत्तांत *'रोशनाई'* हो, या जेल से लिखे गए पत्रों का संकलन *'नुकूशे जिंदां'* हो। उन्होंने कई पत्र-पत्रिकाओं का संपादन भी किया जिनमें *'चिनगारी'*, *'अवामी दौर'*, *'कौमीजंग'* तथा *'हयात'* के नाम प्रमुख हैं। इनके द्वारा उन्होंने पत्रकारिता के जनसरोकार को नई ऊँचाई देते हुए साहित्य व राजनीति के सामंजस्य की अद्भुत मिसाल पेश की।

पाकिस्तानी कारागार से रिहा होने के बाद 1965 में भारत वापसी पर बिखरे हुए हताश प्रगतिशील लेखक संघ को फिर से संगठित करने का बीड़ा उठाया। वह एक बार फिर उसके महासचिव मनोनीत हुए, साथ ही अपने दायरे को विस्तार देते हुए उन्होंने पहले एशिया के लेखकों को एक मंच पर लाने, फिर समूचे अफ्रीका व एशिया के मुक्तिकामी जनपक्षधर साम्राज्यवाद विरोधी साहित्यकारों को अफ्रो-एशियन राइटर्स एसोसिएशन के बैनर तले एकत्रित करने का प्रयास किया। 1958 में ताशकंद में संपन्न इसके पहले सम्मेलन में वह इसके सचिव बनाए गए, विश्वशांति व निःशस्त्रीकरण के अभियान से भी वह संलग्न हुए : 13 सितंबर 1973 को उनका निधन भी संयोग से अलमाअता में अफ्रीकी एशियाई लेखक संघ के सम्मेलन की सक्रियता के दौरान हृदय गति रुक जाने से हुआ।

"अलमाअता से उनके जो कागजात आए हैं, वो उनकी आखिरी तहरीर है। इन तहरीरों में वह रिपोर्ट भी है जो अफ्रोएशियाई अदीबों की बैनुलअक़वामी कान्फ्रेंस में हिंदुस्तान की तरफ से पेश की जाने वाली थी और जिसे वह खुद पेश करने के लिए आखिरी वक्त तक दुरुस्त करते रहे थे। उर्दू ज़बान के साथ-साथ पंजाबी व सिंधी ज़बानों के हुकूक पर भी नोट हैं। इस बात के बाद यह अब गौरतलब है कि हिंदुस्तान की सारी ज़बानों के लोग उनके कहे से क्यों मुत्तफिक हो जाते थे, उनका फैसला क्यों कुबूल कर लेते थे।"

इस पुस्तिका को तैयार करने के दौरान सज्जाद ज़हीर के अनन्य सहयोगी-साथी सहकर्मी तथा लंदन में प्रगतिशील लेखक संघ की स्थापना और इसके घोषणा पत्र की तैयारी में महत्त्वपूर्ण भूमिका निभाने वाले डॉ. मुल्कराज आनंद का निधन हो गया। वह लंबे समय से अस्वस्थ थे। संयोग से उनके जन्म का भी यह शताब्दी वर्ष है। अर्थात् सज्जाद ज़हीर और मुल्कराज आनंद हमख्याल व हमनज़रिया ही नहीं हमउम्र भी थे। उन्होंने 99 वर्ष का लंबा जीवन पाया। भारतीय सरोकारों से संपन्न अपने अंग्रेजी कथा साहित्य, साम्राज्यवाद विरोधी सक्रियता तथा मानवीय गरिमा के प्रति अति संवेदनशीलता के कारण उन्होंने न केवल भारत बल्कि विश्व के अनेक देशों में ख्याति व प्रतिष्ठा अर्जित की थी। उनके प्रारंभिक दोनों उपन्यासों 'अन्टचेबुल' और 'कुली' को एक तरह से प्रगतिशील आंदोलन की दिशावाहक कृतियों की हैसियत प्राप्त थी। सामंती शोषण की भयावहता को समूचे आवेग में उद्घाटित करती उनकी अति प्रसिद्ध कृति 'टू लीव्स एंड ए बड' को भी भुला पाना आसान नहीं है। ब्रतानिवी साम्राज्यवाद के विरुद्ध सक्रिय रहते हुए वह जिस प्रतिबद्ध भाव से भारतीय लेखकों की युद्ध विरोधी मुहिम का हिस्सा बने थे, उससे इस अभियान को शक्ति व ऊर्जा प्राप्त हुई थी। एशियाई अफ्रीकी देशों के जनपक्षधर न्यायप्रिय लेखकों का संगठन बनाने की सज्जाद ज़हीर की पहल के मुख्य प्रेरणास्रोत मुल्कराज आनंद ही थे।

प्रगतिशील लेखकों के संगठन व आंदोलन में यद्यपि उनकी भौतिक भागीदारी कम ही हो पाती थी, फिर भी उनके सान्निध्य का अहसास हमेशा बना रहता। उनका न रहना बहुतों को आहत कर सकता है। परंतु प्रेमचंद, मुल्कराज आनंद तथा सज्जाद ज़हीर जैसे व्यक्तित्व हमारे बीच न रहकर भी क्या सदैव हमारे बीच ही नहीं रहते।

उनका स्मरण दुःख व कमजोरी के लिए नहीं शक्ति के लिए होना चाहिए—जैसा कि सज्जाद ज़हीर ने रजिया आपा को एक खत में लिखा—"तुम हमें दुःख के साथ याद न करना कि हम खुशी के लिए जिए थे...."

—शकील सिद्दीक़ी

आत्मकथ्य

वह वक़्त, वो लोग और मैं

❑ **सज्जाद ज़हीर**

फ्रायड ने शायद कहीं ये कहा है कि अपने बारे में सच बोलना नामुमकिन है। भला किसमें हिम्मत है कि अपने सारे करतूत, अपनी अस्ली पोशीदा ख़्वाहिशात, जहनी और दिमाग़ी कैफियतें, वह सब बातें जो वह पोशीदा और नीम पोशीदा करता है, बिना काटे-छाँटे ब्यान कर दे? और फिर बिलफर्ज़ अगर किसी में इतनी जुर्अत भी हो और खुदनुमाई की ख़्वाहिश उस पर इतनी हावी भी हो जाए कि भरी महफिल में अपना मुँह काला करने में उसे झिझक न महसूस हो, फिर भी माहिर-ए-नफ़सियात तो ये कहते सुनाई देते हैं कि दरअस्ल हमारे कैरेक्टर के बनाने और बिगाड़ने में, इसमें उन खुसूसियतों को पैदा करने में जिनसे फिलहक़ीक़त हमारी इनफिरादियत बनती है, ऐसे छोटे-छोटे वाक़यात और सान्हे और तअस्सुरात काम करते हैं, जिनका हमें शऊरी तौर पर इल्म भी नहीं होता और किसी की सख़्सियत के मुतअल्लिक़ ऐसा मुकम्मल इल्म हासिल करने के लिए तहतुश्शऊर (अचेतन) के एक तवील और गहरे तजजिये की जरूरत होती है। जो नफसियात के बड़े-बड़े माहिर डॉक्टर ही कर सकते हैं।

जब मुझसे ये कहा गया कि मैं अपने मुतअल्लिक़ कुछ लिखूँ और जिन वाक़यात और शख़्सियतों ने मुझे मुतअस्सिर (प्रभावित) किया है, उनका तजकिरा करूँ, मैं यही सोचता रहा हूँ कि आखिर मुझसे ये दरख्वास्त क्यों की गई? इसकी दो ही वजहें हो सकती हैं। एक तो ये कि मैंने अदब और सियासत के मैदान में थोड़ी बहुत शुहरत (नेक नामी और बदनामी) हासिल कर ली है और क़ौमी स्टेज पर मेरा भी छोटा-सा रोल रहा है तो लोग ये जानना चाहते हैं कि ये अदाकारी किस तरह मुमकिन हुई ताकि फिर उससे वह भी कुछ सबक़ सीखें, या इबरत हासिल करें। और दूसरे ये कि लोग शायद ये भी देखना चाहते हैं कि स्टेज के परदे के पीछे मेरी शक्ल-सूरत

कैसी है। यानी मायाजाल के उस पार सत्य और सार क्या है? मेरा ख्याल है कि अगर मैं अपने उन मेहरबानों से सवाल करूँ जो इस मजमून को पढ़ने की जहमत गवारा करेंगे, या गवारा करना चाहते हैं कि आपको इन दोनों सूरतों में से मेरी कौन सी सूरत देखने की ख़्वाहिश है और उनकी दिली आरजू पूछूँ तो सब एक राय होकर कहेंगे कि दूसरी बात में हमें ज्यादा दिलचस्पी है। पहली के मुतअल्लिक़ तो हमको थोड़ी बहुत वाक़फ़ियत है ही और फिर उसमें खास बात क्या है? कशिश तो दरअस्ल बरहंगी में है, जो इन बातों, पहलुओं और गोशों में आम तौर पर छिपे रहते हैं। इत्तक़ा और परहेजगारी के तमाम दावों और फ़तवों के बावजूद बरहना हुस्न की दिलकशी और जाज़्बियत अपनी जगह क़ायम है। अगर इन्सानों को परदे की जरूरत महसूस होती है तो इसी वजह से कि परदादारी की ख़्वाहिश, चाहे वह जिस्म की हो या रूह और नफ्स की, उससे भी ज़्यादा तेज़ और सख़्त होती है।

तो आइए शुरू से शुरू करें और दुआ कीजिए कि अल्लाह मुझे सच बोलने की तौफ़ीक और ताक़त अता करे। गो कि मेरी पैदाइश और परवरिश इस सदी की पहली दहाई में लखनऊ में हुई, गोलागंज, मुंशी अतहर अली की कोठी में, जहाँ मेरे वालिद सैयद वजीर हसन रहते भी थे, और जहाँ उनकी वकालत की दुकान भी थी, लेकिन मेरे घर का माहौल देहाती था। मेरे बाप जौनपुर जिले के छोटे ज़मींदार खानदान के देहाती सादात थे। यह एक ऐसा मुसलमान खानदान था जिसमें लिखने-पढ़ने का चर्चा था। मेरे दादा तहसीलदार थे और उन्होंने मेरे वालिद को बड़ी मुश्किलों से अलीगढ़ से बी. ए. और इलाहाबाद से एल. एल. बी. पास कराके वकील बनाया। पहले उन्होंने जौनपुर और फिर प्रतापगढ़ में वकालत शुरू की। फिर लखनऊ आए। मेरे पैदा होने तक (मैं सात भाई बहनों में छठा था) वह काफी खुशहाल हो चुके थे। लखनऊ के चोटी के वकीलों में गिने जाते थे और कई हजार की आमदनी थी, लेकिन रात को जब हम सब भाई बहन अपने बालदैन के साथ खाने पर बैठते तो बाबा अपने इब्तिदाई वकालत के दिनों की मुसीबतों का हमसे तजकरा करते, कभी-कभी दो रुपये फीस पर सुबह सवेरे जाड़ों में उठकर एक्के पर लिहाफ ओढ़कर उन्हें दस-दस मील जाना होता ताकि डिप्टी कलक्ट्रों और तहसीलदारों की अदालत में, जब वह दौरा करते होते, वक्त से पहुँचें।

हमारी माँ (जिन्हें हम 'बूबू' कहते थे) हमें बतातीं कि जब अपनी सास के यहाँ रहती थीं तो कैसी-कैसी सख़्तियाँ उन्हें बरदाश्त करनी पड़तीं और सास की ज़बान के तीर खाकर भी चुप रहना होता। बिल्कुल वैसी ही बातें जो मेरी बीवी अपनी सास के मुतअल्लिक़ करती थीं। हमारे घर में देहात के नौकर और नौकरानियाँ होते थे। और फिर कई-कई बेरोजगार चचा चच्चियाँ और इस तरह के और रिश्तेदार। और ये सब जौनपुर के देहाती सैयद और सैयदानियाँ, 'लखनऊ वालों' की हमेशा बुराइयाँ करते रहते। उनके नजदीक लखनऊ वालों के 'हस्ब-नस्ब' (जात-पात खानदान,

हड्डी-गुड्डी) का कुछ ठीक नहीं था। उनकी बात का कुछ ऐतबार नहीं था। हम लोग घर में आपस में देहाती ज़बान बोलते थे। बाहर वालों से अलबत्ता स्टैंडर्ड उर्दू बोलने की कोशिश करते। लेकिन ज़बान का फ़र्क़ नुमायां हो जाता, लखनऊ वाले हँस पड़ते तो हमको बड़ी कोफ्त होती और हम उनसे और भी बिगड़ जाते और कहते कि ये लोग कितना बनते हैं। बूबू की एक खास नौकरानी थी 'गोरी'। कहती थीं कि एक मरतबा क़हत (अकाल) पड़ा था तो ये लावारिस उनके गाँव आई और खरीद ली गयी। ये उनकी बहुत मुँह चढ़ी थी। और उसके मिनजुमला कामों में एक काम यह भी था कि थोड़ी-थोड़ी देर बाद मरदाने में जाकर देख आया करे कि हम सब भाई (चार अदद अल्लन, लल्ले, मुन्ने और बन्ने) क्या कर रहे हैं? और फिर अंदर जाकर बूबू से हमारे करतूतों की रिपोर्ट करती। उनमें सबसे बड़ा जुर्म हमारा लखनऊ के लड़कों के साथ खेलना था। गोरी जोर से चिल्लाकर बूबू से कहती, 'बूबू देखिए, भैया लखनऊ के लौंडन के साथ खेलत हन'! हमारी माँ सबको, खास तौर पर मेरे बड़े भाई को फौरन अंदर तलब करतीं और हम पर डाँट पड़ती। उस जमाने बड़े पुराने लखनऊ के बीचों-बीच वजीरगंज के मुहल्ले में शाही जमाने के एक बड़े पुराने मकान 'खाकान मंजिल' में रहते थे। उसके बाज हिस्से टूटे-फूटे खँडहर थे। और जनाने में जहाँ हम सब की बूद-वाश थी, इमामबाड़े को रहने की जगह बना लिया गया था। उसके पीछे एक शहनशीन थी, जिसमें अलम (झंडे) नसब (गाड़े जाते होंगे) होते होंगे। उसमें अब गोदाम था। यानी काठ कबाड़ टूटी-फूटी चीजें, पुराने अखबार और रिसाले, मिट्टी, धूल, गंदगी और तारीकी। गर्मियों की दोपहर में जब बूबू सो जाती थीं तो हम उनके पास से चुपके से उठकर कभी उस शहनशीन में, कभी बाहर के खंडहरों में, कभी सहन की मेहंदी की झाड़ियों के पीछे मालूम नहीं कौन से दफ़नीने ढूँढ़ा करते। मेरे साथी हमारे नौकरों के छोटे-छोटे लड़के होते। ये सब हरकतें हमारी माँ को पसंद नहीं थीं, यानी गंदे, कोने खुदरों में जाना, 'कमीनों' के साथ खेलना, दोपहर में आराम करने के बजाए चुपके से खिसक जाना और धूप और लू में बेमकसद ढनकना (मारा-मारा फिरना) लेकिन यही उस जमाने में हमारी सबसे बड़ी खुशियाँ थीं। उस जमाने की कितनी ही बातें भूल गईं लेकिन खंडहर, वह शहनशीन, बागीचे की झाड़ियों के पीछे काँटों और गर्द की दुनिया क्यों नहीं भूलती? हम छः सात बरस के रहे होंगे कि आजादी और खुशी और बेफ़िकरी की उस रंग-बिरंगी दुनिया पर जैसे एक बिजली गिरी। मेरी 'बिस्मिल्लाह' की रस्म बड़ी धूम-धाम से हुई और दूसरे दिन से मुझे बाक़ायदा मकतब में बिठा दिया गया। मेरे बड़े भाइयों को 'दीनियात' अरबी और फ़ारसी पढ़ाने के लिए हमारे बालदैन ने एक आलिम फाजिल मौलवी को हमारे घर पर ही रख लिया था। उनको बीस रुपये माहवार और खाना मिलता था। वह जायस के बड़े मशहूर आलिमों के खानदान के एक फ़र्द थे। दुबले, लंबे, खसखसी दाढ़ी, उम्र कोई तीस-पैंतीस साल की होगी। मौलवी

रजीहसन साहब पेश नमाज थे। हम सब भाई सूरज निकलने के पहले हाथ-मुँह धोकर सीधे उनके कमरे पर जाते। एक रुकू (नमाज का एक हिस्सा) की तिलावत करते, मौलवी साहब सुनते रहते और हमें सही क़िरअत सिखाते। बाद में हममें से एक मौलवी साहब का हुक्क़ा भरता और फिर पहले अरबी उसके बाद फारसी का सबक़ हमको दिया जाता। और खुशख़ती (अच्छी लिखावट) की तख़्तियाँ लिखते। मौलवी साहब तख़्त पर बैठते, हम लोग कुर्सियों पर जो तख़्त के बिल्कुल क़रीब ही लगी होती। किताब हमारी गोद में होती। हम पढ़ते मौलवी साहब सुनते। पहले आमोख़्ता (पिछला पाठ) फिर नया सबक़ यहाँ की सारी फिजा रौब-दाब और तक़द्दुस की होती। कोई गलती हुई और मौलवी साहब 'हूँ' कह कर 'ची ब जबीं' (माथे पर सिलवटें लाना) हो जाते। मेरी जान सूख जाती, कभी-कभी कान ऐंठ कर चाँटा भी मार देते। दोपहर को ज़ोहर व असर और शाम को मगरिब व इशा की नमाज के लिए मौलवी साहब के यहाँ जाना पड़ता। मुझे मौलवी साहब से बुरी तरह डर लगता था। हद ये थी कि मैं ऐसे में भी, जब मौलवी साहब के यहाँ पढ़ने का वक्त नहीं होता था, उस तरफ जाने से कतराता था। उनकी आवाज बड़ी करख्त थी। देख लेते, जोर से पुकारते, "बन्ने! यहाँ आओ" फिर कोई न कोई फरमाइश करते, "अंदर जाकर अपनी वाल्दा से कहो थोड़ी-सी शकर भेज दे।" या इसी किस्म की कोई और बात। हमारी बूबू भी उनकी फरमाइशों से आज़िज़ रहतीं, लेकिन आमतौर से उनको पूरा करती थीं। वह उनका बहुत एहतराम (आदर) करती थीं और कहती थीं कि उनके रहने से घर में 'बरकत' होती है। हमारे बाबा रोज़े-नमाज के पाबंद नहीं थे। वह सिर्फ ईद-बक़राईद की नमाज़ पढ़ते थे। इसीलिए हमारी माँ ने मौलवी साहब को रखा था कि बाप के असर से नहीं तो मौलवी साहब के असर से ही हम लोग पाबंद-ए-सौमो सलात यानी रोजा नमाज के पाबंद हों और अच्छे मुसलमान बनें। लेकिन इस नुस्खे का कुछ उल्टा ही असर हुआ। अलबत्ता किसी क़दर अरबी, फ़ारसी हमें जरूर आ गई। बूबू बेचारी उसको ग़नीमत समझने लगीं और कभी-कभी अपनी मीठी देहाती बोली में बड़े फख्र से कहतीं, 'मोरे बिटवे अरबी, फ़ारसी जानत हैं।"

मैंने उन मौलवी साहब से कोई छः-सात बरस तक तालीम हासिल की। दीनियात और अख़लाकियात के सबक़ लिए, और नमाज़ें पढ़ीं। आज इतने बरस बीत जाने पर भी उस तल्खी की याद दिल पर नक्श है। और कोई सबक़ मुझे मौलवी रज़ीहसन साहब मरहूम से मिला हो या न मिला हो, इस बात का मुझे अमली तजुर्बा जरूर है, और इसलिए यक़ीन है कि अच्छाइयाँ और नेकियाँ शिद्दत और जब्र के साथ हरगिज किसी को सिखाई नहीं जा सकतीं, और ये कि जुहद व पारसाई बसा औकात इंसाफ की इंसानियत को कम करने उसे शक़ी उल क़ल्ब (सख़्त दिल) मग्रूर और खुदपरस्त बना देते हैं। हमारे मौलवी साहब बुरे आदमी बिल्कुल नहीं थे, दुनिया को 'सिरात-ए-मुस्तक़ीम' (सीधे रास्ते) पर लगाने की धुन ने उन्हें बर्बाद कर दिया था।

एक हमारे झिंगुरी मामू थे। बूबू के रिश्ते के भाई। ये भी ख़ाक़ान मंज़िल के मरदाने की बेशुमार कोठरियों में से एक कोठरी में रहते थे। गाँव से शहर आए थे नौकरी के लिए। बाबा कभी-कभी कोशिश करके उन्हें किसी दफ्तर में क्लर्की दिलवा देते थे। उनकी तनख्वाह कभी पचीस-तीस रुपये से ज्यादा नहीं होती थी। लेकिन वह ज़्यादातर बेरोजगार रहते थे। किसी न किसी बात पर नौकरी छूट जाती थी। खाना, रहना तो हमारे यहाँ था ही। बूबू भी उनको खर्च के लिए कुछ दे दिया करती थीं। बिल्कुल नहीफ़ (कमजोर) व दुबले पतले थे। चालीस साल के रहे होंगे। गर्मियों में लखनऊ की दोपल्ली टोपी और अंगरखा पहनते थे। गंदुमी रंग, (गेहुआँ रंग), दाढ़ी मुंडी, मूँछें ऊपर के लव (होठ) से बेपरवाई से लटकी हुईं। वह हमारे घर का आम काम-काज ऐसा जो 'शरीफ आदमी' के लायक़ हो किया करते, मसलन, बाजार से कपड़े खरीद कर लाना, महीने के शुरू में मंडी से जिन्स ठेले पर लदवाकर लाना, बस्त व यकम रमज़ान (हजरत अली की शहादत की तारीख) के मौक़ों पर मजलिसों का बंदोबस्त करना, बावर्ची या नौकर भाग जाएँ तो नए आदमी ढूँढ़ कर लाना, हम सब भाइयों की आम देख-भाल करना वगैरह। झिंगुरी मामू बड़े शौकीन आदमी थे। हुक़्क़ा तो खैर पीते ही थे। उनके बारे में यह भी मशहूर था कि अफीम भी खाते हैं। उनके तीन शौक थे, उर्दू के अख़बार, रिसाले और नाविल पढ़ना, शाम को चौक या अमीनाबाद की सैर को जाना, और इश्कबाजी। मैं बहुत छोटी उम्र का था इसलिए उनकी रात की ज़िदगी के बारे में कोई बराहेरासत वाकफियत तो नहीं रखता था, लेकिन इधर-उधर से लोग बूबू से राजदाराना अंदाज में जब आकर बातें करते तो मैं उनका जानू (जाँघें) पकड़े और अपना सिर उनकी गोद में छुपाए बहुत सी बातें सुना करता। कुछ समझ में आतीं और कुछ न आतीं, मसलन किसी ने आकर जब बूबू से कहा "ए बहिनी सुनत हेयो, झिंगुरी मियाँ तो सीतलाइन से फँसे हैं।" तो मेरी ये तो समझ में नहीं आता किमु आमला क्या है? लेकिन इतना जरूर समझा कि कोई ऐसी बात है जो बुरी भी है और दिलचस्प भी। उन सीतलाइन को मैं भी जानता था। ये तीन बच्चों की माँ थीं। हमारे यहाँ जो साइस थे सीतल, उनकी बीवी, उनकी उम्र कोई तीस बरस की होगी गन्दुमी रंग, गदबदा जिस्म, छोटा कद, बड़ी-बड़ी आँखें, बेहद मेहनती और हंसमुख। उनका लड़का विदेसी, मेरा सबसे बड़ा दोस्त था। और वह मुझसे भी बहुत मुहब्बत करती थीं। एक छोटी-सी कोठरी में अपने 'मर्द' सीतल साइस के साथ रहतीं। मैं हरवक़्त उनको काम में ही मसरूफ़ पाता। खाने पकाने, बरतन धोने, और माँजने, कपड़े धोने और सुखाने के अलावा घास छीलने भी जाती थीं, और फिर उनका एक बड़ा काम घोड़ो की लीद जमा करके उसकी उपलियां पाथना भी था। हमारे यहाँ उस ज़माने में तीन घोड़े थे। एक तो बड़ी लैंडो के लिए मश्की घोड़ों की जोड़ी थी और एक घोड़ा छोटी फिटन में जोता जाता था। सीतल साइस उन्हीं पर नौकर थे। वह सबसे हँसकर बातें करती

थीं। काम कर रही हैं और बोलती जा रही हैं। सीतल साइस बरखिलाफ़ बहुत ही खामोश आदमी थे। रात को जब सीतल-सीतलाइन इकट्ठे होते, तो सीतल की आवाज तो कभी भी सुनाई नहीं देती थी, सीतलाइन की आवाज और क़हक़हे दूर-दूर तक गूँजते। घर के दूसरे नौकर भी खींच-खिंचाकर उनकी ही डेवढ़ी पर पहुँच जाते। सीतलाइन सबसे हँसती-बोलती थीं। सीतल दिन भर काम करने के बाद चुप बैठे नारियल का हुक़्क़ा पीते रहते। सीतलाइन आम तौर से मैली-कुचैली साड़ी पहने रहतीं लेकिन त्यौहारों पर वह भी सिंगार करतीं। बसंत के दिन उनकी बसंती साड़ी की फबन मुझे अभी तक याद है। और उनकी बड़ी-बड़ी आँखों का काजल और कड़वे तेल से चमकते हुए घने स्याह बालों में सीधी माँग का सिंदूर। सीतल की तनख्वाह दस रुपया माहवार थी। मेरा ख्याल है कि घास और कंडे बेच कर सीतलाइन भी उतना ही कमा लेती रही होंगी। उस आमदनी में दोनों मियाँ-बीवी और तीन बच्चे बसर अवक़ात करते थे। मुझे याद है कि जब मैंने ये सुना कि सीतलाइन झिंगुरी मामू के साथ 'फँसी' हैं तो मैं फौरन दौड़ कर बाहर गया और उनको देखता रहा। वह बैठी बरतन माँग रही थीं। मेरा जी चाहा कि उनसे पूछूँ कि इस बात की क्या मआनी (अर्थ) हैं, लेकिन इतना शऊर मुझे हो गया था कि ये कोई बुरी बात है इसलिए कुछ कहने की हिम्मत नहीं हुई। उस दिन के बाद से झिंगुरी मामू और उनको जब बात करते देखता तो दिल में सोचता शायद इसी को फँसना कहते हैं। और मेरी समझ में न आता कि इसमें बुराई की कौन-सी बात है? इस इल्ज़ाम के बावजूद मैं अपने मामू और उनकी महबूबा को पसंद करता रहा। बल्कि मेरी दिलचस्पी उनमें कुछ बढ़ ही गयी। बात यह थी कि उस जमाने में बड़ी उम्र के लोगों में हमारे दोस्त और हमदर्द यही दो थे। झिंगुरी मामू और सीतलाइन। उन दोनों से ज्यादा दिलचस्प हमारे लिए और कोई दूसरा नहीं था। जब हमारी उम्र आठ-नौ बरस की हुई तो हमको उर्दू पढ़ना आ गया था। झिंगुरी मामू की कोठरी में उर्दू नाविलों का अंबार लगा रहता। वह पलंग पर लेटे ऐनक लगाए उन्हें पढ़ा करते। मैं चुपके से उनके कमरे में दाखिल होता और कोई न कोई नाविल लेकर जैसे भी बनता पढ़ना शुरू कर देता। उसी जमाने से मैंने नाविल पढ़ने शुरू किए। वह उन किताबों के मुकाबिले में जो मुझे मौलवी साहब से या बाद को स्कूल में पढ़ना पड़तीं, कितने जयादा दिलचस्प थे! खूबसूरत हीरोइन, बहादुर हीरो, बदमाश, बुरे और धोखेबाज़ लोग जो हीरो, हीरोइन को प्यार मुहब्बत करने से रोकते, कितनी मज़ेदार और खुशगवार थी वह ख़्याली दुनिया। ज्यादातर ये वह नाविल थे जिनको आजकल रोमानी या जासूसी कहा जाता है, या फिर 'शरर' के नाविल। उनके नाम कितने दिल को लुभाने वाले थे। 'फ्लोराफ्लोरिण्डा', 'मुल्कुलअज़ीज वरजीना', 'बहिष्तेबरीं' और फिर वह इतना दिलचस्प नाविल 'हुस्न का डाकू'। मेरी माँ मुझे इन नाविलों के पढ़ने से रोकतीं, लेकिन झिंगुरी मामू के यहाँ से उनकी लगातार सप्लाई जारी रहती। कभी-कभी तो

ऐसा होता कि जब मामू नहीं होते तो मैं चुपके से उनके कमरे में घुसकर उनके अंबार में से (ये नाविल हमेशा एक पर एक रखे रहते) कोई नाविल निकाल लेता। और फिर किसी कोने में छुपकर, माँ की नजर बचाकर दोपहर को या रात के वक्त उन्हें बेतहाशा पढ़ता। खत्म करने के बाद फिर जाकर उन्हें वापस रख आता। झिंगुरी मामू को खबर भी नहीं होती।

मैं कभी-कभी सोचता हूँ कि हमारा निजामे तालीम और अख़लाक और मज़हबी तरबियत का तरीका कितना नाकिस और मजहूल है कि मामूली तौर पर इससे कम उम्र लड़कों और लड़कियों को अगर कुछ सीखने को मिलता भी है तो कितनी ज़ेहनी और रूहानी अज़ीयत के साथ-साथ। क्या कम उम्र मासूमों को इसी बुरी तरह से दुख पहुँचाना जरूरी है? चालीस साल से ज्यादा गुजर गये हैं, अभी तक इस निज़ाम में कोई बुनियादी तब्दीली नजर नहीं आती। हम अगर कुछ सीखते भी हैं और ज़ेहन में कुछ कुशादगी और रोशनी भी आती है तो उस अज़ीयत और कोफ़्त के बावजूद। शुक्र है कि मुझे मेरे झिंगुरी मामू मिल गये थे, और अंदाज़ा लगाना मुश्किल है कि मेरे और मेरी तरह के दूसरे अफ़राद के कैरेक्टर को ऐसी 'तरबियत' से कितना नफ़सियाती नुकसान पहुँचा होगा।

हमारे घर की सियासी फिज़ा आज़ादी ख़्वाहों की थी। मेरे वालिद मुसलमान लीडरों के उस गिरोह से तअल्लुक़ रखते थे जो काँग्रेस के साथ मिलकर अंग्रेजी हुकूमत के सामने हिंदुस्तान के लिए जिम्मेदार हुकूमत का मुतालबा रखना चाहते थे। वह पहले जंगे अज़ीम के ज़माने में मुस्लिम लीग के सिक्रेट्री थे और 1916 ई. में जब लखनऊ में काँग्रेस और मुस्लिम लीग का पैक्ट हुआ तो उसमें वह पेश-पेश (आगे-आगे) थे। लखनऊ में क़ैसरबाग की बारादरी में लीग का वह सेशन मुझे अच्छी तरह याद है जिसमें काँग्रेस के लीडर भी शरीक थे। गाँधी जी, श्रीमती सरोजिनी नायडू, बालगंगाधर तिलक, जिन्ना साहब को मैंने पहली बार उसी ज़माने में देखा। काँग्रेस के उस इजलास के सद्र बाबू अम्बिकाचरन मजूमदार थे, लेकिन सबसे बड़े लीडर तिलक थे। मैं अपने भाइयों के साथ अमीनाबाद में था, जब तिलक का जुलूस वहाँ से गुजरा। हम पार्क के किनारे पर अपनी गाड़ी में बैठे थे कि जम्मेग़फीर (भीड़) ने हमें आ लिया। लोग बालिहाना अंदाज़ में नारे लगा रहे थे। 'बोलो तिलक महाराज की जय'। तिलक महाराज और उनके साथ तीन-चार आदमी एक खुली हुई लैंडो गाड़ी में हारों और फूलों से लदे बैठे थे। गाड़ी के घोड़े खोल दिए गये थे और लोग उसे खुद खींच रहे थे। मुझे ये सब बहुत ही अच्छा मालूम हुआ। इतने में चीखते-चिल्लाते, फूल बरसाते और आगे बढ़ते हुए भीड़ में मैंने आशाराम को देखा। एक छोटे से कद के पंजाबी ठेकेदार थे, जो हमारा नया मकान बनवा रहे थे। हमारे घर रोज

उनका आना-जाना रहता, वह भी जोश में ज़मीन से गज़-गज़ भर उछल रहे थे। वे सफेद पगड़ी बाँधते थे। मैंने देखा कि उनकी पगड़ी जो हमेशा साफ-सुथरी और चुस्त बँधी हुई उनके सिर की जीनत होती, खुलकर उनके गले और कंधों पर लटकी हुई है। मैंने हैरत से आशाराम की तरफ देखा कि उन मुक़त्ता आदमी को जो हमेशा हमारे वालिद से ईंट और चूने और मज़दूरों की मज़दूरी के लिए रुपया माँगने आया करते थे, क्या हो गया है? उन्होंने भी एक लम्हे के लिए मुझे देखा और मुस्कुराए और फिर मेरे करीब आकर जोर से 'तिलक महाराज की जय' चिल्लाए और आगे मज़्मा (भीड़) के रेले में बह गये। मैं भी जोर से चिल्लाया 'तिलक महाराज की जय'। जरूर तिलक महाराज बड़े अच्छे आदमी होंगे, मैं सोचता रहा।

उसी ज़माने में मैंने मिसिज सरोजिनी नायडू को पहली दफ़ा देखा, उनसे बातें कीं, और उनकी तक़रीर सुनी और खुफिया तौर पर उनका दिलदादह हो गया। बाबा मिसिज सरोजिनी नायडू को जानते थे। जब लखनऊ आयीं, तो एक दिन बाबा ने अंदर आकर बूबू से कहा, "मिसिज नायडू तुमसे मिलने आना चाहती हैं। कल शाम चाय पर उनको मदऊ (दावत देना, बुलाना) कर दिया है, तैयार रहना।"

मेरी माँ उस ज़माने में परदा करती थीं। किसी बेपरदा औरत से उनका मिलना शाज़ोनादिर (कभी-कभी) होता था। 'तैयारी' के मानी यह हुए कि बाजार से खूब बहुत से केक, मिठाइयाँ और फल मँगाए जाते, चाय के चाँदी के बर्तन और आला दरजे की चाइना का सेट निकाला जाता। ड्राइंगरूम की खूब सफाई होती, बूबू नहा-धोकर अपने मामूली कपड़ों (जौनपुर की बीवियों का तंग मुहरी का पायंजामा कुर्ता और दुपट्टा) के बजाय बहुत ही छुन्नक किस्म का 'साया' पहनतीं, जिसके ऊपर से वह हिंदुस्तानी ईसाई औरतों की तरह दुपट्टा भी ओढ़ती थीं। हमारी बहनें रेशमी कपड़े पहनतीं, हम भाइयों को साफ कुर्ते-पायजामे, शेरवानियाँ और टोपियाँ पहनाई जातीं। नौकरों को साफ वर्दियाँ पहनाई जातीं (मेहमान के आने से थोड़ा ही पहले, ताकि मैली न हो जाएँ) और सारे घर में एक तनाव की सी मसनूई (बनावटी) कैफियत फैल जाती। जनानी पार्टियों और दावतों में हमारे यहाँ हमेशा एक बड़ा कठिन मसअला ये होता था कि अंग्रेजी खाना पकाने वाला खानसामा और बैरा अंदर तो आ नहीं सकते थे। मेज़ पर ठीक से प्लेटें कौन लगाए? खाने का सामान किस तरह कायदे के साथ सबके सामने ले जाया जाए? चाय कैसे उँड़ेली जाय? छुरी, काँटे, चमचे वग़ैरह का इस्तेमाल हम लड़कों को तो आ गया था, लेकिन हमारी माँ को इन लवाज़मात से बड़ी उलझन होती थी। अंग्रेज़ी फैशन की पाबंदी उन बेचारी को भी करनी होती। और इस तरह की पार्टियों में हमेशा उनसे कोई न कोई 'गलती' सरजद हो जाती! बाबा की हिदायतों के मुताबिक वह भी अंग्रेजी तरीका बरतने की कोशिश करतीं, लेकिन जब उनको बार-बार ये हिदायतें मिलतीं तो वह झल्ला कर कह पड़तीं, "मोका ई सब नाहीं आवत।" हम सब भाई-बहन भी इस इंतजार में

रहते कि दावत किसी तरह जल्दी खत्म हो, हमारी नुमाइश और घर की बनावटी फजा खत्म हो। चुनांचे जैसे ही आखिरी मेहमान रुख़सत होता हम सब शेरवानी और टोपी उतार कर बेतहाशा खाने की मज़े-मज़े की चीज़ों पर टूट पड़ते, मेहमान के सामने केक और मिठाई के चंद ही लुक़्मे वाकायदगी से प्लेट में रखकर खाने को मिलते। उसकी कमी को पूरा करने के लिए हम दोनों हाथों से लपक-लपक कर सब अच्छी-अच्छी चीज़ें जी भर के खाते। हमें दावत नहीं, सारे वक़्त दावत के खात्मे का इंतजार रहता।

लेकिन मिसिज नायडू की दावत के दिन उन तमाम रस्मों के बरत जाने के बावजूद कैफियत ही बिल्कुल दूसरी थी। उस औरत में एक गैरमामूली हुस्न तो था ही, बंगाल का जादू और दकन (दक्षिण) का रस, कँवल नयन, उनकी हँसी ऐसी बेसाख्ता थी कि मालूम होता था सारा जिस्म हँस रहा है। बातों में शगुफ्तगी और ताजगी थी कि जैसे चारों तरफ फूल खिल जाएँ और उनकी महक से रूह तरोताजा हो जाए। हमारे घर में दाख़िल होते ही उन्होंने चारों तरफ मुस्कुरा कर कुछ इस तरह से देखा और हमारी माँ से गले मिलकर कुछ ऐसी घुल-मिल गईं, इसके बावजूद कि वह खुद इतनी पढ़ी-लिखी, इतनी बड़ी शायरा और इतनी बड़ी लीडर थीं, और हमारी माँ देहात की एक बीवी जो सिवाय कुरआन शरीफ और थोड़ी बहुत उर्दू के और कुछ भी नहीं पढ़ी थीं, कि हम सब समझे कि यह तो दरअस्ल हमारी ख़ालाजान हैं। उन्होंने फौरन हमारी माँ से बाबा के मुश्तरक दोस्तों और उनकी बीबियों के मुतअल्लिक स्कैंडलों की बातें शुरू कर दीं। "अरे बहन, उस बुड्ढे खूसट भूतने के बारे में कुछ सुना है कि दूसरी शादी कर रहा है और फलाँ बीबी को देखा है आपने? मोटी हथिनी की तरह है और काली भुजंग, गाल सूख के खटाई हो गये हैं और कपड़े और जेवर पहनती हैं नई नवेली दुल्हनों की तरह। हमारी माँ के बारे में मिसिज नायडू ने मालूम नहीं कहाँ से मालूम कर लिया था कि लखनऊ की एक बेगम साहिबा से नफरत करती हैं। सो फिर तो दोनों ने उनके बखिये उधेड़कर रख दिए। इससे बढ़कर दोस्तों की मजबूत बुनियाद और क्या हो सकती है कि किसी के साथ मिलकर किसी दूसरे की बुराई की जाए। चलते-चलते दोस्ती की बाज़ी जीतने के लिए मिसिज नायडू ने ये शोशा भी छोड़ दिया कि हैदराबाद के अच्छे मुसलमान खान्दानों में कई लड़कियाँ उनकी नजर में ऐसी हैं जिनसे हमारे बड़े भाइयों की निस्बत (रिश्ता) के बारे में सोचा जा सकता है। चाँद ऐसी सूरत, गोरी चिट्टी, पढ़ी-लिखी, शरीफ खानदान, उमूर-ऐ खानदारी (घरेलू काम-काज) से वाकिफ..." हमारी माँ के लिए जो पाँच लड़कों और दो लड़कियों की माँ थी, अपनी औलाद की शादी से ज्यादा अहम दुनिया में और कोई बात न थी। अब तो वह बिल्कुल मिसिज नायडू की गिरवीदा (प्रशसंक) हो गईं। लेकिन मिसिज नायडू सिर्फ़ हमारी माँ से ही गुफ्तगू नहीं करती रहीं हम सब भी उनके इर्द-गिर्द बैठे थे, हर एक से थोड़ी-थोड़ी देर बाद वह हँस बोल लेतीं।

जब वह उठकर चलीं जो हम सबके दिल अपने साथ लेती गईं।

उसके दूसरे दिन मैंने मिसिज नायडू को पहली बार तक़रीर करते सुना। क़ैसरबाग की सफेद बारहदरी में। काँग्रेस के लीडर हिंदू-मुस्लिम पैक्ट पर दस्तखत हो जाने के बाद मुस्लिम लीग के इजलास में शिरकत के लिए आए थे। ये समझौता गो कि ऊपर के तबक़ों का था, लेकिन उसकी वजह से फजा में जैसे उम्मीद और खुशी की महक फैल गयी थी।

उसी दिन गालेबन पहली मर्तबा वतनी आज़ादी और क़ौमी इत्तेदाह का पहला एहसास मुझमें बड़ी शिद्दत के साथ पैदा हुआ, उसी दिन पहली मर्तबा गाँधी जी को भी देखा। उनका लिबास यानी सिर पर सफेद पगड़ी, सफेद कोट, गोल चेहरा ढकता हुआ रंग और स्याह मूँछे मुझे अभी तक याद हैं। उसके बाद जब मैंने गाँधीजी को 1920 ई. में देखा (यानी चार साल बाद) तो उनकी हैसियत और शक्ल व सूरत काफी बदली हुई थी। मुझे ये भी याद है कि किसी ने जो हाल में मेरे पास ही बैठा हुआ था गाँधीजी को दिखाकर कहा था–"ये गाँधी हैं, इन्होंने साउथ अफ्रीका में बड़ा काम किया है।" लेकिन उस ज़माने में कई दूसरे लीडर गाँधी जी से बड़े माने जाते थे। मिसिज नायडू बुल्बुले हिंद मशहूर हो चुकी थीं। सब उनकी ही तक़रीर सुनने के लिए बेचैन थे। ज़ाहिर है कि अब मुझे बिल्कुल याद नहीं कि उस दिन की तकरीर में उन्होंने क्या कहा, लेकिन तक़रीर करते वक्त उनकी तनी हुई भवें, उनके अल्फ़ाज़ का तरन्नुम और उन सबसे जिस जोश खरोश की कैफियत पैदा हुई थी, वह अभी तक मेरे दिल पर नक्श है। और मुझे ये भी अच्छी तरह याद है कि उन्होंने आजादी के लिए जद्दोजहद (कोशिश) कि, जो तलक़ीन (नसीहत) अपनी तक़रीर में की थी, उसे हाफ़िज़ के इस शेर पर खत्म किया था--

दर रहे मंजिले लैला कि खतरहा अस्त बजाँ,
शर्त अव्वल ईस्त की मजनूं बाशी।।

मिसिज नायडू के मुँह से फारसी का शेर सुनकर लखनऊ वाले कितने खुश हुए होंगे।

हमारे घर में अंग्रेज़ी राज ने नफ़रत की जाती थी। यानी घर के बिल्कुल अंदर, दिलों में। बाहर तो कैफियत थी कि नेननलिस्ट ख्याल होने के बावजूद जब नान-कोऑपरेशन (असहयोग आंदोलन) और खिलाफ़त की तहरीक शुरू हुई तो बाबा सियासत से अलाहिदा (अलग) हो गए । वह उस तहरीक से हमदर्दी रखते थे, लेकिन उसके लिए जो कुर्बानियाँ दरकार थीं, यानी वकालत छोड़ देना (बाद को वह अवध के जूडिशियल कमिश्नर और चीफ कोर्ट जज हो गए) उसके लिए वह तैयार नहीं थे। घर का खर्च, खाना-पीना, बच्चों की तालीम, काफी ऊँची सतह की अमीराना ज़िंदगी,

इन सबका दारोमदार उनकी रोज़ाना की मेहनत पर था। वह बहुत मेहनत करते थे और बहुत रुपया कमाते थे। लेकिन जितना कमाते थे उससे ज़्यादा खर्च करते थे। फिर दो बातें और भी थीं। उन्हें गाँधियाई नजरिए के मुताबिक सादा ज़िंदगी, खद्दर पोशी वगैरह से सख़्त चिढ़ थी। दूसरे ये कि इस तहरीक में जो मजहबी रंग था, खासतौर पर उसका दार्शनिक पहलू, इससे वह कतई हम आहंग नहीं थे। वह अमली तौर पर एक एपीक्यूरियन थे। अच्छे कपड़े, लजीज़ खाने-पीने, नफ़ीस माहौल, दोस्तों और अहबाबों के साथ खुशबाशी, मौसीक़ी और खूबसूरत औरतों की सुहबत, ये सब बातें उन्हें पसंद थीं। मज़हबी मामलात में खादारी और अक्लियत पसंदी उनका शीवा था। बहुत अच्छे कानूनदाँ होने की वजह से उनकी बातें बड़ी मंतिक़ी (तार्किक) होती थीं। रामराज और खिलाफ़त का वह हमेशा मजाक उड़ाते थे। इन बातों को दकियानूसियत और कदायम परस्ती महमूल करते थे। इन तमाम बातों की वजह से हमारे घर की कैफियत अजीब मुतजाद (अंतर्विरोधी) सी थी। एक तरफ तो आजादी की तहरीक से गहरी हमदर्दी थी। नान-कोऑपरेशन की तहरीक के लीडरों में से कई से बाबा की ज़ाती दोस्ती और मुलाक़ात थी। और हमारे घर में उनका आना-जाना रहता था और बाबा छुपाकर उनको चन्दा भी दिया करते थे। दूसरी तरफ जज होने के बाद सरकारी नौकर भी हो गये थे। गौरमेंट हाउस की पार्टियों में जाना और अंग्रेज़ी सरकार के तमाम नुमाइशी कामों में दिखावे की शिरकत भी करते थे। थोड़े दिन बाद सरकार से उनको खिताब भी मिल गया।

नान-कोऑपरेशन और खिलाफ़त की तहरीक जब शुरू हुई तो मैं मैट्रिक में पढ़ता था। मेरी उम्र कोई पंद्रह साल की होगी। अपने खांदान में सबसे ज्यादा मुझपर इस तहरीक का असर पड़ा। मालूम नहीं क्यों? हम जुबली हाईस्कूल में पढ़ते थे, जो शहर के अंदर था और हमारा नया मकान वज़ीर मंजिल से तीन-चार मील के फ़ासले पर था। रोज सुबहो-शाम को हम तांगे या फिटन पर सवार होकर स्कूल जाते। आते-जाते रास्ते में मोतीमहल का पुल पड़ता। शहर के तीन मशहूर काँग्रेसी लीडर पंडित हरकरणनाथ मिश्र, चौधरी खलीकुज़्ज़माँ और एक मद्रासी रंगाअय्यर सारे वक़्त उस पुल के नीचे के एक चबूतरे पर केनिंग कालेज के नजदीक (उस वक्त लखनऊ यूनिवर्सिटी कायम नहीं हुई थी) खड़े तकरीर करते रहते। और कालेज के लड़कों से कहते थे कि कालेज छोड़कर निकल आयें। अंग्रेजी तालीम का बायकाट करें, स्वराज की लड़ाई में कूद पड़ें, वगैरह। मैं अपनी गाड़ी रुकावाकर उन जलसों में खड़े होकर घंटे दो घंटे उन तकरीरों को सुनता। इसके अलावा हर तरफ विदेशी कपड़ों के अंबार लगाकर उनको आग लगा दो जाती। इलाहाबाद से सय्यद हुसैन मरहूम की एडीटरी में 'इंडिपेंडेंस' अखबार शाया होता, जिसमें बड़े ज़ोरदार मज़मून होते थे। उसे पढ़ता उसके बाद जब गाँधी जी और अलीब्राद्रान पहली मरतबा लखनऊ आये तो स्कूल के सब लड़कों के साथ हम भी क्लास छोड़कर उनके दर्शन करने

और उनकी तकरीरें सुनने के लिए चारबाग स्टेशन के सामने के मैदान में पहुँच गये। हर जगह से स्ट्राइक, बायकाट, जलसों, जुलूसों और पुलिस के साथ तसादुम (मुठभेड़) की खबरें आतीं। जलियाँवाला बाग की फायरिंग की चर्चा रहती। रूसी इंकलाब की खबरें आतीं, लखनऊ के गली-कूचों में छोटे-छोटे लड़के बड़ी अच्छी धुन में गाने गाते। जिनमें सबसे ज़्यादा मशहूर ये था।

बोली अम्माँ मुहम्मद अली को
जान, बेटा ख़िलाफत पे दे दो।।

एक दूसरी नज़्म जो लखनऊ में बहुत गायी जाती थी। उसका पहला मिस्रा (पंक्ति) में था :

असीरो करो कुछ रिहाई की बातें

गाँधी जी का यंग इंडिया हर हफ्ते आता और उसका एक-एक हर्फ़ लोग एहतराम और शौक से पढ़ते। फिर एक दिन ये खबर आयी कि लखनऊ के पास लखीमपुर ज़िले में खिलाफ़त के एक वालेंटियर ने वहाँ के अंग्रेज डिस्ट्रिक्ट मजिस्ट्रेट वेलोबी के घर में घुस कर तलवार से उसका सिर काट दिया। दूसरे दिन हमारे घर में लखनऊ में अंग्रेज़ डिस्ट्रिक्ट मजिस्ट्रेट मिस्टर रटलिज घबराए हुए बाबा से मिलने आए। यह एक अजीब बात थी इसलिए कि मेरे वालिद गोकि ओहदे के लिहाज़ से उनसे ऊँचे दरजे के थे, लेकिन अंग्रेज डिस्ट्रिक्ट मजिस्ट्रेट ने कभी हमारे घर पर आने की जहमत गवारा नहीं की थी। गाँधी जी और कांग्रेस और खिलाफ़त के लीडरों ने इस कत्ल की मुजम्मत की। लेकिन मैं दूसरे आम हिंदुस्तानियों की तरह इस वाक़ये से खुश ही था। नाराज़ नहीं। फिर रफ्ता-रफ्ता ये ख़बरें आने लगीं कि अवध के देहात में किसान, ज़मींदारों को लगान देने से इंकार कर रहे हैं। बड़ी-बड़ी किसान सभाएँ हो रही हैं, और उनमें ये खबर फैल गयी है कि अब तो स्वराज हो गया, लगान देने, ज़मींदारों की बेगार करने और पुलिस का जुल्म सहने की कोई जरूरत नहीं है। हमारे घर में खुद हमारे रिश्ते के कई ज़मींदार देहात से भाग कर आए और उन्होंने कहा कि गाँव में उनकी जान-माल, इज्ज़त-आबरू सब ख़तरे में है। "नीच और कमीने किसान सरकशी पर आमादा हैं।" गो मैं उम्र में बहुत छोटा था। लेकिन ये ज़मींदार अज़्ज़ा (रिश्तेदार-अज़ीज़) मुझे ख़ास तौरपर अपना दुखड़ा सुनाते। बात ये थी कि मैंने उन तमाम हालात और फ़िज़ा से मुतअस्सिर होकर खद्दर पहनना शुरू कर दिया था, सिर के बाल मुंडा दिए थे। गोश्त खाना तर्क (छोड़) कर दिया था। पलंग पर सोना छोड़ दिया था। चटाई बिछाकर ज़मीन पर सोता था। हमारे खानदान वालों, बाबा के दोस्तों और अहबाब और शहर में आम तौर से ये खबर फैल गयी थी कि "वज़ीर हसन का छोटा लड़का तो कांग्रेसी हो गया है।" मैंने चर्ख़ा कातना भी

शुरू कर दिया था। और अपनी माँ और बहन को चर्ख़ा कातने और खद्दर के जोड़े पहननें पर आमादा कर लिया था। मेरे वालिद ने मेरी इन हरकतों पर कोई एतराज़ नहीं किया, न कभी वह इस मौजू पर मुझसे गुफ़्तुगू करते। इन बातों के साथ-साथ मुझे किसी क़दर मज़हबी ग्लो भी हो गया था। पाँच वक़्त की नमाज़ जिससे मौलवी रज़ीहसन साहब ने काफी बद्‌दिल कर दिया था, अब मैं बाक़ायदगी से पढ़ने लगा। सुबह तो तलावते क़ुरआन भी करता। अलबत्ता मैंने स्कूल की तालीम कभी नहीं छोड़ी। नान-कोऑपरेशन तहरीक के इस पहलू को बरतने के लिए मेरा दिल आमादा नहीं होता था। मैं गाँधी जी और कांग्रेस के बताए हुए रास्ते पर पक्का अक़ीदा रखता था। मुझे भी सारे मुल्क की तरह इसका यक़ीन था कि साल भर में स्वराज मिल जाएगा। इस स्वराज की शक्लो सूरत क्या होगी? यह मस्अला साफ नहीं था, और जब गाँधी जी ने ये कह दिया कि अभी इसके साफ करने की जरूरत भी नहीं है, तो मुझे भी इत्मिनान हो गया। फिर भी जब कभी किसानों की आम बेचैनी, बंबई में मज़दूरों की हड़ताल की ख़बरें आतीं तो मेरा दिल खुश होता। अंग्रेजों या अंग्रेजी हुकूमत के तशद्‌दुद (जुल्म) के खिलाफ़ हिंदुस्तानियों के जवाबी हमलों की खबर से भी खुशी होती। लेकिन जब इन ख़तरों के फौरन ही बाद गाँधी जी और दूसरे कांग्रेसी लीडरों की तरफ से मुज़म्मत (लानतान) होती तो मैं भी समझने लगता था कि शायद हमारी अवाम ने ग़लती की है, और गाँधी जी ठीक कहते हैं। लेकिन दिल में शुब्हा संदेह बाक़ी रह जाता और हमदर्दी अवाम और उनके अमल ही के साथ होती। मसलन मुझे याद है जब हसरत मोहानी ने अहमदाबाद कांग्रेस में गाँधी जी की मुखालफ़त की और कहा कि हमको सल्तनते ब्रतानिया (अंग्रेजी हुकूमत) से मुकम्मल आज़ादी का ऐलान करना चाहिए और ब्रिटिश एम्पायर में न रहना चाहिए तो बहुत से दूसरे नौजवानों की तरह मैंने इसे पसंद किया, लेकिन बाद को गाँधी जी की दलीलें पढ़कर यह समझा कि वह ज़्यादा दानिशमंदी (अकलमंदी) की बात कर रहे हैं। इसी तरह आज़ादी की जद्दोजहद में हिंसा और अहिंसा का भी सवाल था।

मज़दूर तबक के अलाहिदावजूद का एहसास उसी ज़माने में अजीबोग़रीब तरीके से हुआ। लखनऊ में रेलवे की वर्कशाप है। यहाँ उस वक़्त कोई छः हजार मज़दूर काम करते थे। 1920 ई. में जब नान-कोऑपरेशन तहरीक का बड़ा जोर था, उन्होंने भी स्ट्राइक कर दी। वे रहनुमाई के लिए मक़ामी कांग्रेस लीडरों चौधरी ख़लीकुज्जमाँ और पंडित हरकिरणनाथ मिश्रा के पास पहुँचे। उस वक़्त तक मज़दूरों की न तो कोई यूनियन थी और न पार्टी। चौधरी साहब के बारे में मैंने ये सुना कि इधर-उधर घबराए घूमते थे कि उन हड़ताली मजदूरों को क्या सलाह दें। न उनके और न कांग्रेस के प्रोग्राम ने मज़दूर जमाअत (संगठन) के इज्तमाई (सामूहिक) अमल या तंजीम का

ही कोई प्रोग्राम था। उधर से गवर्नमेंट की सख़्ती शुरू हो गयी। आख़िर कुछ दिन स्ट्राइक करने के बाद मज़दूर वापस काम कर चले गए। एक मौके पर मेरी मौजूदगी में चौधरी ख़लीकुज्जमाँ ने ये कहा कि इंग्लैंड में 'लेबर यूनियन' होती हैं और 'लेबर' पार्टी है। लेकिन यहाँ हम किस नाम से यूनियन बनाएँ। 'लेबर' की किस्म का कोई शरीफ़ाना लफ़्ज़ नहीं है! इस छोटे से वाक़्ये से मज़दूर की शराफत पर तो कोई असर नहीं पड़ता, अलबत्ता बाज़ 'शरीफ़' कौमी लीडरों की जेहनियत का अंदाज़ा होता है, जिन्हें मज़दूर के लफ़्ज में नीचापन महसूस होता था। फिर भी तबक़ादारी तफरीक़ का इल्ज़ाम कम्युनिज्म पर लगाया जाता है। ये ज़ाहिर है कि मेरी ज़िंदगी पर यानी उसका रुख और सिम्त मुतैयन (निर्धारित) करने में, हमारे वतन की क़ौमी आज़ादी की जद्दोजहद और कम्युनिस्ट तहरीक और मार्क्सी नज़रिए हयात ने सबसे ज़्यादा और फ़ैसलाकुन असर डाला है।

ऊपर की सतरों (लाइनों) में मैंने अपने बचपन और लड़कपन के चंद हालात और वाक़यात का ज़िक्र इस गरज़ से किया है कि इस सिम्त के मुतैयन होने के बावजूद और उसके दायरे के अंदर भी इनफरादियत और शख़्सियत का इर्तक़ा (विकास) होता है। अक्सर ऐसा होता है कि हम ज़ेहनी और शऊरी तौर पर एक ख़्याल या कुसूर को सही भी तस्लीम कर लेते हैं, हमारी अक़्ल एक बात को कुबूल भी कर लेती है। लेकिन अपने तबक़ों और खान्दान के ख़सायल और इसी किस्म के दूसरे असरात आदतें, तोहम्मात, रवायतें और जिबल्लतें खुफिया और गैर शऊरी तौर पर हमारे अमल, हरकत और सकनात पर असर डालती रहती हैं। हम अपने मुतअल्लिक तरह-तरह के मंसूबे बनाते हैं, हम ऐलान करते हैं कि हम फलाँ लायहय अमल के मुताबिक जिन्दगी बसर करते हैं, ताहम हमारे अमल और खुद हमारी फिकर को बाज़ अंजानी ताकतें ऐसी जगह खींच ले जाती हैं जो इस लायहयए अमल और उन अख़लाकी उसूलों से काफी हद तक दूर हटे हुए होते हैं फिर या तो हम उन उसूलों की खुद तावीलें करते हैं या नाकामी के एहसास में मुब्तला हो जाते हैं। मैं समझता हूँ कि तहज़ीब के मानी दरअसल इंसान को अंधी फितरत और जिबिल्लत, तहतुश्शऊर यानी तमाम अंजाने तारीक न समझ में आने वाले इत्तफाकी और सानेहाती असरात और उनसे पैदा होने वाली कैफियतों से छुटकारा दिलाकर रौशन, शऊरी, अक्ली समझी हुई मुनज़्जम राहों पर ले जाता है। हमारे वही ख़्वाब सबसे खूबसूरत और मुसर्रत बख़्श होते हैं, जिनकी बुनियाद हकीकत और सच्चाई पर हो, हम ज़िंदगी में बार-बार शिकस्त खाते हैं। नामुरादियाँ और नाकामियाँ अपने साथ रंजव अंदोह के खूनी तुहफे लिए हर घड़ी हमारी इर्द-गिर्द गर्दन झुकाए खड़ी आँसू बहाती रहती हैं। लेकिन यही नाकामियाँ अगर जहदेहयात के तवील और मुसलसल और मुतवातिर अमल में ऐसे संगीन मोड़ों और ऐसी पगडंडियों का मिसाल हों, जिनसे गुज़रना हमारे लिए जांकाह और दिलशिकन होने के बावजूद नागुज़ीर और जरूरी हुआ और जिस

तजुर्बे के बग़ैर हमारा अगला क़दम सही पड़ ही न सके तो रंज व अलम (दुख दर्द) के वही आँसू दुरे-शाहवार (चकमदार मोती) बन जाते हैं। उन्हीं से ज़िंदगी की जेब वज़ीनत होती है और उसकी कद्र बढ़ जाती है। फितरत की तारीक कूव्वतों और तारीख़ की उन मजहूल ताकतों का जिन्हें मौत का परवाना मिल चुका है, जिंदा और मुतहर्रिक इंसानों पर पे दर पे हमला होता रहता है। इन हमलों का मुकाबिला करने से ही इंफिरादी (वैयक्तिक) और इजतमाई ज़िंदगी की सतह पस्ती से बुलंदी की तरफ उभरती है, इसमें मानवियत, रंग और निकहत पैदा होती है। वह निखरती और सँवरती है। इसलिए वही असरात अच्छे कहे जा सकते हैं, जो इस अमल में हमारी मदद करें, जो क़दामत परस्ती, खुदापरस्ती और खुद ग़रज़ी की संगलाख दीवारों को तोड़े और जिनके वसीले से तोहम्मात और बेअक्ली, तअस्सुब और तंग नज़री के बादल हमारे दिमाग और हमारी रूह पर से छट जाए।

जब मैं अपनी ज़िंदगी पर नज़र डालता हूँ तो महसूस करता हूँ कि इस जेहादे अकबर में सबसे ज़्यादा जिस चीज़ ने मेरी मदद की वह हिंदुस्तानी अवाम है यानी मज़दूरों, किसानों और दानिश्वर की वह जद्दोजेहद है जो उन्होंने अपनी ज़िंदगी को आज़ाद, खुशहाल और मुहज़्ज़ब बनाने के लिए जारी कर रखी है। और जिसका एक नाचीज़ हिस्सा बनने का मुझको शर्फ हासिल हुआ है। इस जद्दोजेहद की बेहतरीन तन्जीम और रहनुमाई मेरी नज़र में यहाँ की कम्युनिस्ट पार्टी ने की है। इसलिए कि मेरे नज़दीकी मौजूदा दौर में सबसे ज़्यादा बाशऊर जामअत यही है। मेरे नज़दीक वह मारी क़ौम की आला तरीन तहज़ीबी रवायतों की नुमाइंदगी करती है और साथ ही साथ जिस मार्क्सी नज़रिया पर उसके अमल की बुनियाद है। समाज को समढने और बदलने और उसकी नयी और बेहतर, ज़्यादा मुन्सिफाना और ज़्यादा साइन्टिफिक नज़रिए, नौए इंसानी के पास इस अहद में और कोई दूसरा नहीं है। उसकी सबसे बड़ी खूबी है कि इस नज़रिए को महज़ किताबों को पढ़कर या किसी इल्हामी और अटल पैग़ाम या कौल फेल (कथनी करनी) के ज़रिए से सिखाया या समझाया नहीं जा सकता। मार्क्सिज़्म दर हक़ीक़त फितरत और समाज में हरकत और तबदीली, जवाल और इर्त्तक़ा के कानूनों को समझने और इस इल्म के ज़रिए और वसीले से अपने फ़हम व शऊर को जिलादेकर, ऐसे अमल का नाम है जिनका तक़ाज़ा सामाजी ज़िंदगी की हैयत (संरचना) एक ख़ास मौका पर करती है। जाहिर है कि ऐसा इल्म और ऐसा अमल इन्फरादी (एकाकी) और इज्तमाई (सामूहिक) सई (कोशिश) और तजुर्बे के तौर पर ही हासिल हो सकता है। अगर एक तरफ वह नौए इंसानी (मानवता) के तमाम साबिक मुबल्लिग़े इलम पर उबूर हासिल करने का मुतक़ाजी (अपेक्षा) है, तो दूसरी तरफ वह इल्म व अम्ल में जमूद का दुश्मन है। बल्कि नए उलूम और माद्दी वसायल व आलात से ज़िंदगी में मुसलसल तजदीद और समरबारी (फल देना, पैदा करना) करता है।

मैं दफअतन (अचानक) या यकबारगी किसी जज़्बाती शोरिश के मातहत कम्युनिस्ट नहीं बना। जब मैं स्कूल की तालीम खत्म करके कॉलिज में पहुँचा तब नान-कोऑपरेशन और खिलाफ़त की तहरीक खत्म हो चुकी थी। फ़िरक़ावाराना तनाव, हिन्दू-मुस्लिम झगड़े हर तरफ फैल रहे थे। शुद्धी और संगठन की तहरीक एक तरफ और मुसलमानों में तंज़ीम की तहरीक दूसरी तरफ उठ खड़ी हुई थी। अंग्रेजी हुकूमत और उसके टोडी खुश थे। तमाम मुहिब्बेवतन मग़मूम और मुजमहिल! (दुखी और कुम्हलाए हुए) हिन्दू-मुस्लिम समझौते की बार-बार कोशिश होती, लेकिन दोनों तरफ के फिरक़ापरस्त अनासिर हर इत्तेहाद कान्फ्रेंस को नाकामियाब करा देने में कामियाब हो जाते। एक बार लखनऊ में भी हिन्दू-मुस्लिम फ़साद हो गया। मेरे कॉलिज के लज़ीज़ तरीन दोस्त हिन्दू थे। मुझे फ़साद के दिनों में इतनी रूहानी अज़ीयत हुई की मैं बीमार पड़ गया।

उसी ज़माने में यू.पी., बंगाल और पंजाब के नौजवानों में एक नई इंक़लाबी लहर उठी कलकत्ता में जतिनदास ने एक अंग्रेज को गोली से मार दिया और जब उसे फाँसी की सज़ा हुई तो उसने खंदा पेशानी से अपने बयान में कहा कि ''मेरी दुआ है कि मेरे खून का एक-एक कतरा मेरे हम वतनों के दिलों में आज़ादी का बीज बनकर उगे।'' इस अज़ीम कुर्बानी का मुझ पर बड़ा असर हुआ। इसी तरह हमारे अपने ही सूबे में लखनऊ के पास रामप्रसाद बिस्मिल और अश्फ़ाकुल्लाह वगैरह के गिराह ने एक ट्रेन पर हमला किया और सरकारी ख़ज़ाना लूटा। बाद में वह लोग गिरफ्तार हुए और उनको फाँसियाँ हुईं। कांग्रेसी लीडरों के आफिशियल बयान, उन नौजवान इंकलाबियों की 'तशद्दुद आमेज' (जुल्म से भरी हुई जालिमाना) कार्रवाइयों की मज़म्मत करते हुए निकलते थे। लेकिन मैं और मेरी तरह के तमाम नौजवान हिंदुस्तानियों और खुद बहुत से कांग्रेसियों के दिल में उनके लिए इज्ज़त का जज़्बा था और हम सब इस पर फख्र महसूस करते थे कि कम अज कम चंद हिन्दुस्तानी नौजवान तो ऐसे हैं जो साम्राजी जुल्म व तशद्दुद से दबते नहीं और बैरूनी हाकमियत का ख़ात्मा करने के लिए जान तक की बाज़ी लगाने से दरीग़ नहीं करते। अब मैं रफ्ता-रफ्ता इस ख़्याल का क़ायल हो गया कि बग़ैर इंकलाब के हिंदुस्तान को आज़ादी नहीं मिल सकती। कुछ मुबहम (अमूर्त्त) तरीके से ये ख़्याल भी सामने आने लगा कि हमें भी अपने मुल्क में रूस की तरह मज़दूरों और किसानों की हुकूमत कायम करनी चाहिए।

सोवियत रूस के मुतआल्लिक जो खबरें हमारे अखबारों में छपती थीं इनमें आम तौर पर बालशेविकों और बालशेविक हुकूमत की बुराई का पहलू निकलता था। कोई कम्युनिस्ट पार्टी या मनुज्ज़म मार्क्सी ग्रुप उस वक़्त हमारे मुल्क में नहीं था। जो मार्क्सी ख़्यालात और नज़रियों को हम तक पहुँचाता। फिर भी उस ज़माने के नौजवान तालिब इल्म रूसी इंकलाब और कम्युनिज़्म में, बग़ैर उसके मुतअल्लिक

सही वाक़फियत हासिल किए हुए भी गहरी दिलचस्पी लेने लगे थे। हमारे लिए ये काफी था कि बालशेविक ब्रतानवी साम्राज्य और सरमायादारी के खिलाफ़ हैं। साम्राज्यी प्रापगंडे की कम्युनिज़्म के ख़िलाफ शिद्दत ही हमारे दिल में ये जज़्बा पैदा करती थी कि जरूर कम्यूनिज़्म कोई अच्छी चीज़ होगी। तभी तो अंग्रेजी साम्राज्यी और उनके पिट्ठू हिन्दुस्तान के टोडी इतनी शिद्दत से इसकी बुराई करते हैं।

उसी ज़माने में (ग़ालेबन 1924 ई.) कानपुर में बालशेविक केस शुरू हुआ। उसमें मुज़फ्फर अहमद, डांगे, घाटे और शौकत उस्मानी माखूज़ थे। अंग्रेजी हुकूमत का मकसद तो ये था कि इस मुकदमे को चला कर कम्युनिस्ट तहरीक का शुरू से ही सिर कुचल दिया जाए। लेकिन ये मुकदमा काफी दिनों तक चला। हर रोज सुबह को उसकी रूदाद (कहानी) 'पानियर' अखबार में (जो ख़ालिस एंग्लोइंडियन सरकारी अखबार था) छपती, मैं उसका एक-एक लफ़्ज बड़े इन्हमाक से पढ़ता और फिर उसके तराशे बनाता है इस तरह गोया मेरी और मेरी तरह के बहुत से नौजवानों की कम्युनिस्ट तहरीक के मुतअल्लिक इब्तदाई तालीम हुई। ये बहुत नाकिस और 'नाकाफी' थी, लेकिन उसमें इब्तदाएँ इश्क वाली सरशारी की कैफियत थी। मालूम होता था कि जैसे हमें आज़ादी के दरवाजे की कुंजी मिल गयी है। हमको इसका एहसास नहीं था कि ये तो रोशनी की सिर्फ एक हल्की सी किरण है, और दिमाग़ के अभी कितने गोशे हैं जिनमें घुप अँधेरा है। अब मुझे रूसी इंकलाब और उसके मुतअल्लिक खबरों से बड़ी दिलचस्पी हो गयी। उस ज़माने में कलकत्ता से 'माडर्न रिव्यू' शाया होता था। मैं उसका खरीदार बन गया और बड़ी दिलचस्पी से उसे पढ़ता। मेरे ख़्याल में वह वाहिद (अकेला) अंग्रेजी रिसाला (मैग्ज़ीन) था जिसमें वक़्तनबवक़्तन रूस की नयी मज़दूरों और किसानों की हुकूमत और उसके कारनामों से मुतअल्लिक मज़ामीन और नोट शाया होते थे। ये अगर हमदर्दी से नहीं तो मुखालेफत की नज़र से भी नहीं लिखे जाते थे। और फिर ये भी अजीब बात थी कि हिंदुस्तानी नौजवान आमतौर पर उन बातों और खबरों पर जो सोशलिस्ट हुकूमत के खिलाफ़ होती थीं, यकीन नहीं करते थे। इंपीरियलिस्ट और रज्अत परस्त प्रापगंडे का हमारे ऊपर उल्टा असर होता था। हम मुब्हम तौर पर ये महसूस करते थे कि रूसी इंकलाब के नतीजे के तौर पर एक ऐसी कूवत वजूद में आ गयी है जो अव्वल तो हमारे दुश्मन, बरतानवी साम्राज्य की दुश्मन है। दूसरे ये कि हिंदुस्तान और तमाम महकूम कौमों की आज़ादी की तरफदार है और तीसरे ये कि इसमें ताकत जागीरदारों और सरमायादारों के हाथों में नहीं बल्कि मेहनतकशों के हाथ में है। उसकी यही खुसीसियतें हमें उसका दोस्त और तरफदार बनाती थीं। फिर ये भी था कि नान-कोऑपरेशन की तहरीक की नाकामी ने हमें ये भी सोचने पर मजबूर कर दिया था कि आज़ादी हासिल करने के दूसरे और ज़्यादा कामियाब तरीक दरयाफ़्त करना जरूरी है।

1924 ई. में मैं लखनऊ यूनिवर्सिटी में बी.ए. में दाखिल हुआ। मैंने योरप

की तारीख, पोलिटिकल सांइस और इकोनामिक्स का कोर्स अपने लिए चुना, लेकिन या तो मेरे बेश्तर (ज़्यादातर) उस्ताद अच्छे नहीं थे या मुझे कोर्स की तालीम से दिलचस्पी नहीं थी। मैं कोई ख़ास अच्छा या मेहनती तालिबइल्म नहीं था। मेरे उस्तादों में से सिर्फ एक थे जिनके लेक्चर और लेक्चर से भी ज़्यादा जिनकी बातें मुझे पसंद थीं और मुझे मुतअस्सिर करती थीं। ये मेरे इकोनामिक्स के प्रोफेसर 'धुरजति प्रसाद मुखर्जी (डॉ. पी. मुखर्जी)' थे, जिन्हें हम 'डी.पी.' कहते। उस ज़माने में कार्ल मार्क्स का नाम भी लेना ख़तरनाक समझा जाता था। लेकिन मुझे अच्छी तरह याद है कि जब डी.पी. ने एक दिन क्लास में कहा कि "आजकल बहुत से इकोनामिक्स के मार्क्सी नज़रिए ही दुनिया में फैल रहे हैं और उनके असरात से दुनिया बदल रही है। मार्क्स को ग़लत साबित करने वालों को दुनिया भुलाती जाती है।" डी.पी. हिंदुस्तानी मौसीकी, हिंदुस्तानी मुसव्विरी, अदब, फलसफा, सियासत, हर चीज़ के बारे में बात करने और हमारे नौजवान ज़ेहनों में इल्म, जुस्तुजू, तहकीक, और कुतुबबीनी (अध्ययनशीलता) का बेपनाह शौक पैदा करते। आज भी वह (1958 ई.) अलीगढ़ यूनिवर्सिटी में इकोनामिक्स के प्रोफेसर हैं और जब भी मैं अलीगढ़ जाता हूँ तो उनसे घण्टे दो घंटे गुफ़्तगू करता हूँ।... (सारांश)

प्रगतिशील लेखकों का पहला सम्मेलन

❑ सज्जाद ज़हीर

प्रगतिशील लेखक संघ के पहले अधिवेशन की तैयारी के सिलसिले में हमारी चिंता यह थी कि अगर लखनऊ में बाकायदा स्वागत समिति नहीं बनाई जा सकती तो कम से कम स्वागत समिति के नाम से सौ-पचास टिकट बेचकर कुछ चंदा ही जमा हो जाए और अगर पूरी कमेटी नहीं तो कम से कम स्वागत समिति का एक अध्यक्ष ही बना लिया जाए। हमने आपस में सलाह की और इस ओहदे के लिए सबसे उत्तम चौधरी मोहम्मद अली साहब रूदौलवी को समझा। यूँ तो चौधरी साहब तालुकेदार हैं और अवध के रईसों में से हैं और वह हमसे एक पीढ़ी पहले के हैं लेकिन उनके व्यक्तित्व में कुछ अजीब विशिष्टताएँ जमा हो गई हैं, जिनकी वजह से उनकी शख्सियत सरजमीने अवध की दिलचस्पतरीन शख्सियतों में से एक है। उनके तौर तरीके अवध के पुराने रईसों के से हैं। लेकिन उनकी सूरत, दाढ़ी, मूँछ साफ गोरा चिट्टा रंग, आधुनिक अंग्रेजी शिक्षित नौजवानों की सी है। वह उर्दू लिखते हैं तो उसमें वह लोच व लताफत और विचित्रता होती है जिससे पुराने लखनऊ की महक आती है। लेकिन बातें करने पर आ जाते हैं तो नीत्शे, मार्क्स, टैगोर और इकबाल, एक तरफ, तो यौन और मनोविज्ञान के विशेषज्ञ फ्रायड और हेवलाक दूसरी तरफ होते हैं। बुजुर्गों और बड़ों के दरम्यान होते हैं तो उनसे उनकी दिलचस्पियों, जायदाद और उनकी संतानों आदि का तजकिरा करेंगे। यदि नौजवानों में होंगे तो उनसे यौन संबंधी ऐसी शोध परक बातें करेंगे कि बड़े-बड़े रंगीन मिजाजों की आँखें खुल जाएँ। अगर किसी महफिल में खूबसूरत औरतों और नौजवान लड़कियों का जमावड़ा हो तो वह उनके झुंड में यूँ पहुँच जाते हैं जैसे लोहा चुंबक से खिंचता है और पलभर में अपनी अजनबियत खोकर उनसे ऐसी राजदाराना बातें करने लगेंगे जो सिर्फ राजा इंद्र अपनी परियों से करते होंगे। नौजवान तरक्की पसंदों को वह हमेशा स्नेह और सहानुभूति की दृष्टि

से देखते थे। वह उर्दू अदब की श्रेष्ठ परंपराओं से परिचित और एक कोमल लेखन शैली के मालिक थे और आधुनिक साहित्य में भी गहरी रुचि रखते थे।

जब हमने उनसे अपनी स्वागत समिति की अध्यक्षता के लिए कहा तो उन्हें बड़ा आश्चर्य हुआ कि यह निवेदन उनसे किया गया। औपचारिक नहीं बल्कि पूरी शिद्दत के साथ उन्होंने इसमें अपनी असमर्थता यह कह कर व्यक्त की कि वह कभी किसी आंदोलन में शामिल नहीं हुए हैं और भरसक राजनीतिक झगड़ों और हंगामों से दूर भागते हैं। लेकिन हमारे, खास तौर से रशीद जहाँ के अनुरोध पर वह इंकार भी न कर सके और आखिर में राजी हो गए। इसके बाद उन्होंने सबसे पहला काम यह किया कि पूरी विनम्रता के साथ चुपके से सौ रुपए भी दे दिए। यह हमारे लिए ऐसा उपहार था, जिसकी उम्मीद नहीं थी। चौधरी साहब को इसकी शर्मिंदगी थी कि वह रकम बहुत कम है। लेकिन उन्हें मालूम नहीं था कि हमें कान्फ्रेंस के लिए किसी एक व्यक्ति से दस रुपए से ज्यादा चंदा नहीं मिला था। और हम कुल डेढ़ सौ रुपए लेकर कान्फ्रेंस करने चले थे।

हमने सम्मेलन के हाल के लिए कोई दो-तीन सौ कुर्सियाँ किराए पर ले तो लीं लेकिन अब यह फिक्र हुई कि हाल भरेगा भी या नहीं। मुल्क के विभिन्न भागों से जिन प्रतिनिधियों के आने की सूचना हमें मिली थी उनकी तादाद मुश्किल से तीस-चालीस रही होगी। दो बंगाल से, तीन पंजाब से, एक मद्रास से, दो गुजरात से, छः महाराष्ट्र से और शायद बीस-पचीस संयुक्त प्रांत के विभिन्न हिस्सों से। लखनऊ में उस वक्त तक हमारी तहरीक बिल्कुल जारी ही नहीं हुई थी। इलाहाबाद में तो फ़िराक़, एजाज हुसैन, अहमद अली वगैरह यूनिवर्सिटी में पढ़ाते थे और उनके प्रभाव में छात्रों की अच्छी खासी तादाद हमारे जलसों में आ जाती थी। यहाँ यूनिवर्सिटी में भी कोई हमारा न था। उस वक्त तक डॉ. अलीम, डॉ. रामविलास शर्मा, एहतिशाम हुसैन और आले अहमद सुरूर लखनऊ विश्वविद्यालय में नियुक्त नहीं हुए थे। हमारी साधनहीनता और कमजोरी का इससे बड़ा इजहार और क्या होता कि लखनऊ ऐसे अदबी शहर में हमारी कान्फ्रेंस में दिलचस्पी लेने वाले गिनती के हों। हमें इसका अहसास था कि अगर ऐसा हुआ था तो यह लखनऊ वालों की बदजौकी या साम्राज्यपरस्ती की वजह से नहीं बल्कि इस कारण से था कि उन्हें हमारे आंदोलन या कान्फ्रेंस के बारे में इत्तिला नहीं दी गई थी और उनमें कान्फ्रेंस के लिए दिलचस्पी भी नहीं पैदा की गई थी। चंद दिनों में चंद आदमी इस कमी को किस तरह पूरा कर सकते थे? फिर भी हमने हार नहीं मानी।

यूनिवर्सिटी में कुछ छात्रों के जरिए हमने पत्र बँटवाए और कान्फ्रेंस के दो दिन पहले बड़े पोस्टर छपकर आ गए तो महमूदुज्जफर अपने साथ एक दो और साथियों को लेकर शहर के खास-खास हिस्सों में, नुक्कड़ों और चौराहों पर रात भर उन्हें चिपकाते रहे। रशीदा लखनऊ में चंद साल पहले डॉक्टरी की प्रैक्टिस कर चुकी

थीं और यहाँ पर बहुतों से परिचित थीं। उन्होंने घूम-घूमकर कान्फ्रेंस की स्वागत समिति के तीन-तीन रुपयों वाले टिकट बेचने आरंभ किए। अगरचे लोग साहित्य से दिलचस्पी लेने वाले नहीं भी थे तो भी तीन रुपये की हद तक तो उन्हें साहित्य प्रेमियों की पंक्ति में दाखिल कर ही लिया गया। इसके अलावा कांग्रेस के वार्षिक अधिवेशन में शिरकत करने के लिए हजारों आदमी लखनऊ आने वाले थे। उनमें सोशलिस्ट लीडर और कम्युनिस्ट कार्यकर्ता भी थे, जिनमें अधिकांशतः अगर अदीब न थे तो तरक्की पसंद अदबी तहरीक के हमदर्द थे। आचार्य नरेन्द्र देव, संस्कृत, हिंदी, पालि के विद्वान थे और उर्दू के बेहतरीन वक्ताओं में गिने जाते थे। जयप्रकाश नारायण के समाजवादी राजनीतिक जीवन का दिलकश आरंभ था। कमलादेवी चट्टोपाध्याय एक सुर्ख शोले की तरह सुलगती थीं। मियाँ इफ्तखारउद्दीन पूरे जोशोखरोश के साथ कांग्रेस की वामपंथी राजनीति के साथ जुड़ गए थे। इन सबने हमारे सम्मेलन में शिरकत का वायदा किया।

ज्यों-ज्यों सम्मेलन का दिन करीब आता जाता हमारी घबड़ाहट बढ़ती जाती। रुपयों की कमी की वजह से हम अपने डेलीगेटों को ठहराने और उनके खाने-पीने का भी प्रबंध नहीं कर सकते थे। चंद को हमने अपने दोस्तों, रिश्तेदारों के यहाँ ठहराने का बंदोबस्त किया था। बहुत से कांग्रेस के कैंप में जाकर टिक गए थे। जहाँ एक झोंपड़ी चंद रुपयों में किराए पर मिल जाती थी और खाना बहुत सस्ता था। कुछ यूनिवर्सिटी के हॉस्टल के खाली कमरों में ठहर गए। यह इंतजाम हमारे लिए बड़ी जहमत का कारण था। इसलिए कि कांफ्रेस हाल और मेरे घर जहाँ कान्फ्रेंस का अस्थायी कार्यालय था, ये सब जगहें कई-कई मील के फासले पर थीं। लेकिन मजबूरी थी, हमने अपने मेहमानों को हालत बता दी थी और उनसे कह दिया था कि लखनऊ में उनके ठहरने का प्रबंध करने में हम असमर्थ हैं।

शहर से आने वालों का हम रेलवे स्टेशन पर स्वागत भी न कर सकते थे। तीन-चार आदमी आखिर क्या-क्या करते। बावजूद इसके अपने अध्यक्ष को स्टेशन पर लेने जाने का हम लोगों ने संकल्प कर लिया। महमूद किसी और काम में लगे हुए थे, इसलिए रशीदा और मैंने तय किया कि हम दोनों स्टेशन जाएँगे। कहीं से थोड़ी देर के लिए हमने एक मोटर भी हासिल कर ली थी। सुबह का वक्त था। गाड़ी नौ बजे के करीब आने वाली थी। हमने सोचा साढ़े आठ बजे घर से रवाना होंगे। हम तकरीबन आठ बजे बैठे चाय पी रहे थे कि घर में एक तांगे के दाखिल होने की आवाज आई और साथ ही नौकर ने आकर मुझे इत्तिला दी कि कोई साहब आपको बुला रहे हैं। मैं बाहर निकला तो क्या देखा कि प्रेमचंद जी और उनके साथ एक और साहब हमारे मकान के बरामदे में खड़े हुए हैं। मुझ पर हैरत और शर्मिंदगी से थोड़ी देर के लिए सकता सा छा गया लेकिन पहले इसके कि मैं कुछ कहूँ, प्रेमचंद जी ने हँसते हुए कहा, "भई तुम्हारा घर बड़ी मुश्किल से मिला है। बड़ी देर से इधर-उधर

चक्कर लगा रहे हैं।" इतने में रशीदा भी बाहर निकल आई और हम दोनों अपनी सफाई और माफी पेश करने लगे। मालूम हुआ कि हमें ट्रेन के वक्त की गलत इत्तला थी। इसके आने का वक्त एक घंटे पहले का था, पहली अप्रैल से वक्त बदल गया था लेकिन अब उलटे प्रेमचंद जी ने माजरत शुरू कर दी। "हाँ मुझे चाहिए था कि चलने से पहले तुम लोगों को तार दे देता लेकिन मैंने सोचा क्या जरूरत है अगर स्टेशन पर कोई न मिला तो ताँगा करके सीधा तुम्हारे घर चला आऊँगा।"

मैं दिल में सोच रहा था कि आम तौर के सम्मेलनों के अध्यक्ष का शानदार स्वागत किया जाता है। उन्हें प्लेटफॉर्म पर हार पहनाए जाते हैं, उनके जुलूस निकलते हैं। उनकी जय-जयकार होती है और हमारा अध्यक्ष कि खुद अपनी जेब से रेल का टिकट खरीद कर चुपके से आ गया। स्टेशन पर स्वागत तो क्या राह बताने के लिए भी उसे कोई न मिला। एक मामूली से ताँगे में बैठकर वह खुद ही बेतकुल्लफी से कान्फ्रेंस के आयोजनकर्त्ताओं के घर चला आया। उनकी कोताही का शिकवा शिकायत सो दरकिनार उसके माथे पर बल भी नहीं पड़ा और उनसे यूँ घुलमिल गया जिससे मालूम होता था कि रस्मी बातों पर वक्त बर्बाद करना उसके नजदीक बिल्कुल गैर जरूरी है। यकीनन हमारी तहरीक एक नए किस्म की तहरीक थी और उसका सदर नए किस्म का सदर था। उसकी शान उसकी विनम्रता और सरलता से जाहिर होती थी।

मुंशी जी हमारे यहाँ ही ठहरे। उनके साथ जो साहब थे उनसे हम पूर्व परिचित नहीं थे। वह हिंदी के मशहूर कहानीकार और उपन्यासकार दिल्ली के बाबू जैनेन्द्र कुमार थे। मुंशी प्रेमचंद ने हमारा उनसे परिचय कराया। वह भी हमारे मेहमान हुए। हमें इसकी खुशी हुई कि मुंशी जी हिंदी के एक साहित्यकार को जो उनके दोस्त थे, अपने साथ लाए थे। उस वक्त हिंदी के बड़े अदीबों में से (मुंशी प्रेमचंद के अलावा) हमारी तहरीक में कोई शामिल नहीं हुआ था। बाबू मैथिलीशरण गुप्त, पंडित बनारसी दास चतुर्वेदी, सुमित्रानंदन पंत, सुभद्रा कुमारी चौहान, पंडित बालकृष्ण शर्मा 'नवीन' वगैरह ने हमारी तहरीक से हमदर्दी का इजहार किया था लेकिन उनमें से कोई भी कार्यक्रम में शिरकत के लिए नहीं आ रहा था। हिंदी के साहित्यकारों में गिरोहबंदी भी बड़ी सख्त थी। कुछ उनमें से शायद ऐसे भी थे जो उर्दू के अदीबों के साथ मिलकर कुछ करना भी पसंद नहीं करते थे। मैंने प्रेमचंद जी से उनकी प्रकृति का जिक्र भी किया था। उन्होंने मुझे लिखा कि हिंदी के बहुत से साहित्यकार शायद हीनभावना के शिकार हैं। बहरहाल हमें अपनी कोशिश जारी रखनी चाहिए। इन तमाम बातों को नजर में रखते हुए बाबू जैनेन्द्र कुमार का कान्फ्रेंस में शिरकत के लिए तशरीफ लाना हमारे लिए दोगुनी खुशी का कारण था।

कान्फ्रेंस शुरू होने के दिन हमने अपनी फाइल कागजात और टाइपराइटर सँभाला और सुबह ही से रिफाहे आम क्लब को चले गए। अब हाल के बगल में एक छोटे

दफ्तर में कान्फ्रेंस का दफ्तर खोल दिया गया और महमूदुज्जफ़र उसके इंचार्ज हुए। उन्हें टाइप करना भी आता था इसलिए प्रस्ताव और हर सत्र के प्रोग्राम आदि की टाइप करने का काम भी उन्हीं के जिम्मे पड़ा। रशीद जहाँ और हाजरा बेगम के सुपुर्द हाल के दरवाजे पर बैठना टिकट बेचना और लोगों को उनके बैठने की जगहों तक पहुँचाना और आम देखभाल का काम भी था। इन दोनों ने अपनी मदद के लिए मालूम नहीं कैसे और कहाँ से तीन-चार सौम्य और शालीन स्त्रियों को इकट्ठा कर लिया था। इनके अलावा हाल में सजावट जरा भी न थी। हाल के बाहर और अंदर के दरवाजों पर गहरे सुर्ख रंग की चौड़ी-चौड़ी पट्टियों पर उर्दू, हिंदी और अंग्रेजी में 'अखिल भारतीय प्रगतिशील लेखकों का प्रथम सम्मेलन' लिखकर लटका दिया गया था। मंच भी बहुत मामूली था। यह कोई एक फुट ऊँचे छः गज लम्बे और चार गज चौड़े खर्रे तख्तों का था जिस पर एक मामूली लकड़ी की मेज थी। मंच पर चार कुर्सियाँ थीं। फर्श पर दरी वगैरा कुछ नहीं थी। मंच पर भी दरी नहीं थी। यह सादगी और साधनहीनता हम पर हमारी गुरबत की वजह से आयद हुई थी। अच्छे फर्नीचर और सजावट का सामान हासिल करने के लिए ज्यादा रुपयों की जरूरत थी जो हमारे पास नहीं थे। उस वक्त तक हमको जो रुपए मिले थे वो ज्यादातर प्रेस की नजर हो गए थे। जो कुर्सियाँ वगैरा हमने किराए पर ली थीं वो उधार थीं और हम यह उम्मीद करते थे कि एक-एक रुपए के दर्शकों के दो सौ टिकटों को बेचकर हम उनका किराया चुका देंगे।

खुली कान्फ्रेंस सिर्फ़ दो दिन होना तय पाई गई थी। दस बजे सुबह से साढ़े बारह बजे तक और फिर दोपहर को तीन बजे से साढ़े पाँच बजे तक। बीच के समय में दो बार डेलीगेटों की मीटिंग करके संवैधानिक और सांगठनिक मामले तय करने का प्रोग्राम था।

नौ, साढ़े नौ बजे के करीब एक-एक करके लोग आना शुरू हुए। सबसे पहले आने वालों में हमारे सदर मुंशी प्रेमचंद थे। जो बेतकल्लुफी से हमारे पास आकर इधर-उधर की बातें करने लगे। उनके चेहरे से जैसे आज खुशी और इत्मीनान के आसार नुमाया थे। जिससे हम सबको ढाढस बँधा। स्वागत समिति के अध्यक्ष चौधरी मोहम्मद अली आए तो थोड़ी ही देर में उनकी गुफ़्तगू और इंतेजामकर्त्ता ख्वातीन (स्त्रियों) के क़हक़हे बुलंद होने लगे। डॉक्टर अब्दुल अलीम उन दिनों अलीगढ़ विश्वविद्यालय में अरबी के लेक्चरर थे। अपने साथ संजीदगी ले आए डॉ. अब्दुल अलीम हालाँकि हमारे हम उम्र थे और बर्लिन यूनिवर्सिटी के पी-एच. डी. लेकिन उनकी बाकायदा कुतरी हुई तिकोनी दाढ़ी, खद्दर की कलफदार टोपी और शेरवानी गोल चेहरा और गोरा रंग तौल-तौल कर कदम रखना और सावधानी से बात करना उनमें एक मौलवियाना और गुरुओं जैसा अंदाज पैदा करता था।

उनके तार्किक मस्तिष्क में राजनीतिक-साहित्यिक प्रगतिशीलता ने इस तरह

जगह बनाई है जैसे अरबी भाषा के ज्ञान से प्रगतिशीलता की केंद्रीय धारा से विचलन या पलायन वह इस तरह पकड़ते हैं जैसे पुराने तर्ज के मौलवी पहाड़े रटाते वक्त अंकों और शब्दों की गलती को। उनके व्यक्तित्व की विराटता और ज्ञान की व्यापकता में एक तरह की कठोरता है, और उनकी आज़ाद खयाली तथा आधुनिक वैज्ञानिक चेतना राष्ट्रीय परंपराओं की मजबूत व चमकदार चौखटे से घिरी हुई मालूम होती है।

धीरे-धीरे हाल भरने लगा। मद्रास, बंगाल, गुजरात, महाराष्ट्र, पंजाब, सिंध, बिहार और यू.पी. के डेलीगेटों से आगे की दो पंक्तियाँ भर गईं। उनके बाद करीब पंद्रह-बीस स्वागत समिति वाले लोग रहे होंगे और हाल के दो तिहाई हिस्से में एक रुपए टिकट वाले दर्शक रहे होंगे। छात्र, दफ्तरों में काम करने वाले दुबले-पतले कुछ झेंपें और शर्माए हुए अदब के शौकीन, अध्यापक, नौजवान वकील, कम्युनिस्ट और सोशलिस्ट पार्टी के साहित्य से दिलचस्पी रखने वाले कार्यकर्ता, ट्रेड यूनियनों में तथा किसानों में काम करने वाले कारकुन जो हिंदुस्तान के विभिन्न भागों से इस वक्त लखनऊ में जमा हुए थे और जिन्हें नए तरक्की पसंद कौमी और समाजी आज़ादी के अदब से दिलचस्पी थी। ये थे हमारे देश की नई राष्ट्रीय व सामाजिक संवेदना व चेतना रखने वाले बुद्धिजीवियों के प्रतिनिधि। हाल में गहमागहमी और शोरगुल नहीं था। लोगों की बोलने की आवाजें धीमी थीं और सुकून जरूरत से कुछ ज्यादा ही था। इस मजमे में जोश बिल्कुल नहीं मालूम होता था।

कोई साढ़े दस बजे के करीब जब हाल तकरीबन दो तिहाई भर गया तो हमने कान्फ्रेंस की कार्यवाही शुरू करने का इरादा किया। इतने में बाहर एक तांगा आकर रुका। उसमें से एक छोटे कद के बुजुर्ग उछलकर उतरे। हमने देखा तो मौलाना हसरत मोहानी थे। मुंशी प्रेमचंद, डॉ. अलीम और मैं जो पास ही खड़े थे और मौलाना को पहले से जानते थे उनके स्वागत के लिए बढ़े।

हमने मौलाना को सीधे लेजाकर मंच पर बैठा दिया। बीच में मुंशी प्रेमचंद थे। उनकी दाहिनी तरफ मौलाना बैठे थे और उनके बराबर चौधरी मोहम्मद अली। मैं मुंशी जी के बाईं तरफ नीचे तख्त पर किनारे की तरफ बैठा था ताकि प्रोग्राम और कागजात वगैरा उन्हें जरूरत पड़ने पर दे सकूँ।

चौधरी साहब के स्वागत भाषण से सम्मेलन का आगाज हुआ। उन्होंने यह भाषण लिख लिया था। अफ़सोस है कि अब वह हमारे पास नहीं है। नहीं तो उससे मालूम होता कि किस तरह हमारी (खास तौर से लखनऊ की) कदीम तहजीब और अदब के एक रसिया ने जदीद तरक्की पसंद अदब की तहरीक का अभिनंदन किया था। चौधरी साहब के भाषण के बाद मुंशी प्रेमचंद सर्वसम्मति से कार्यक्रम के सदर चुने गए और उन्होंने अपना अध्यक्षीय भाषण पढ़ना शुरू किया। यह आसान उर्दू में लिखा था लेकिन जाहिर है कि इस बड़े मजमे में गैर हिंदुस्तानी बोलने वाले इलाकों के जितने भी डेलीगेट और पर्यवेक्षक थे (जिनकी संख्या आधी से कुछ ही कम थी)

उनकी समझ में वह बिल्कुल नहीं आ रहा था। वो लोग तो खामोश थे ही लेकिन हम उर्दू हिंदी वाले भी जो उसी खुतबे को खामोशी से सुन रहे थे, बिल्कुल खामोश थे, बल्कि ऐसा मालूम होता था कि एक तरह की बेसुधी सी मजमे पर तारी हो गई है। किसी जलसे में ज़बानी तकरीर के बजाए अगर कोई चीज लिख कर पढ़ी जाय तो थोड़ी ही देर में जी उकताने लगता है लेकिन इस खुतबे में हमारी ज़बान और हमारे मुल्क में पहली मरतबा एक बड़े अदीब ने हमें तरक्की पसंद अदबी तहरीक के स्वरूप और उद्देश्यों से आगाह किया था। इसी खुतबे में हमारी ज़बान के कहानीकार और नाविल नवीस ने हमें सीधे सादे और प्रभावशाली शब्दों में बताया कि अच्छे अदब की बुनियाद, सच्चाई, हुस्न, आजादी और इंसानी दोस्ती पर ही कायम हो सकती है।

इस अध्यक्षीय भाषण को पढ़ने में (जो बाद को छपा तो पंद्रह पृष्ठों का था) कोई चालिस-पैंतालीस मिनट के करीब लगे। मेरा अब भी ख्याल है कि हमारे मुल्क में तरक्की पसंद अदबी तहरीक के संकल्प व उद्देश्यों के संबंध में शायद इससे बेहतर कोई चीज अभी तक नहीं लिखी गई है। हम प्रेमचंद की कहानियों और उपन्यासों से तो परिचित थे लेकिन उर्दू में उनका कोई साहित्यिक निबंध नहीं पढ़ा था। उन्होंने ऐसी चीजें यदा-कदा ही लिखी हैं। क्योंकि यह हमारी भाषा के महान यथार्थवादी कहानीकार के निष्ठापूर्ण विचारों की अभिव्यक्ति थी इसलिए इसका महत्त्व और भी ज्यादा है। हमने महसूस किया कि दरअसल हमारे नए यथार्थवादी और जन जीवन के बिंब प्रस्तुत करने वाले साहित्य का यह कारवाँ, जिसकी रहनुमाई बीस साल से स्वंय प्रेमचंद अपनी रचनाओं से कर रहे थे, अब नई और ज्यादा स्पष्ट और ज्यादा ऊँची सतह पर बढ़ने के लिए तैयार है। हम नौजवान प्रगतिशीलों का दृष्टिकोण इस वक्त शायद साफ और स्पष्ट नहीं था और हम अपने उत्साह और आक्रोश में कभी बाएँ तरफ को झुक जाते तो कभी सावधानी और समय की अपेक्षा समझकर दाईं तरफ लुढ़क जाते। लेकिन इस अवसर पर हमारे अध्यक्ष प्रेमचंद की दिशा में कोई हेर-फेर और उनके चिंतन में कोई उलझाव मालूम नहीं होता था।

इसका कारण स्पष्ट है। प्रेमचंद एक मेहनती, देश प्रेमी और बेलाग अदीब थे, जो अपनी कला को बेहतर बनाने और अपने अनुभव व ज्ञान में वृद्धि करने की चिंता में हमेशा संलग्न रहते थे। हम नौजवानों में से अक्सर अपने दार्शनिक दृष्टिकोण और शिक्षा के आधार पर तरक्की पसंदी के रास्ते पर अभी आकर खड़े हुए थे। प्रेमचंद जीवन के संघर्षों और नई सृजनात्मक चेष्टाओं अर्थात् अनुभव व प्रयोग के बल पर वहाँ पहुँचे थे। इसी वजह से उनके विचारों में संतुलन इतिहास की निरंतरता तथा संपूर्णता एवं प्रौढ़ता थी। उनकी बात सच्ची मालूम होती थी, वह समझ में आती थी इसी वजह से उसका दिल पर असर होता था।

मुंशी जी के अध्यक्षीय भाषण के बाद मैंने संगठन की उस समय तक की

स्थिति के संबंध में एक संक्षिप्त सी रिपोर्ट पढ़कर सुनाई। यह रिपोर्ट अंग्रेजी में लिखी गई थी। यह न छिपाई जा सकने वाली वास्तविकता हमारे सामने थी कि उस समय तक किसी भी अखिल भारतीय सम्मेलन में अंग्रेजी भाषा ही ऐसी भाषा थी जो हर प्रांत के पढ़े-लिखे लोगों के बीच इस मुल्क की किसी भी ज़बान से ज्यादा समान रूप से प्रचलित थी। हमारे देश प्रेम को इससे कष्ट अवश्य होता था। लेकिन इस ऐतिहासिक वास्तविकता से इंकार नहीं किया जा सकता था। यही नहीं कि एक-दूसरे के भावों को समझने के लिए विभिन्न प्रांतों के पढ़े-लिखे लोग अंग्रेजी प्रयोग करने के लिए विवश थे, बल्कि अक्सर ऐसा भी होता था कि अपने ही मुल्क के दूसरी भाषाओं के साहित्य से परिचय हमको अंग्रेजी के माध्यम से होता था। मसलन अंग्रेजी जानने वाले उर्दू दां लोगों ने रवींद्रनाथ टैगोर की रचनाएँ प्रायः अंग्रेजी अनुवादों में ही पढ़ी-लिखी हैं। और हमारी अपनी ज़बानों में हमारे देश की विभिन्न भाषाओं के साहित्य के अनुवाद अंग्रेजी के मुकाबले में बहुत ही कम होते हैं।

कान्फ्रेंस का पहला सत्र समाप्ति के करीब रहा होगा कि सागर निज़ामी गिरते-पड़ते दाखिल हुए। हमें इसकी पहले से सूचना थी कि वह सम्मेलन में शिरकत के लिए आ रहे हैं और उनके अभी तक न आने के सबब से हम चिंतित थे। सागर निज़ामी उर्दू के उन वरिष्ठ शायरों में हैं, जिनकी शायरी में देश प्रेम की उत्साहपूर्ण आवाजें गूँजती हैं। जैसे उनके शेर सुनाने के दिलकश अंदाज हैं, उसी तरह उनके कलाम (कविता) में एक सम्मोहक लय तथा गीतात्मकता होती है। उनकी पारंपरिक नज्मों के गुलजार में भी आधुनिक भारत की आजादी की हवाएँ चलती महसूस होती हैं। उनके संपादन में निकलने वाली पत्रिका 'एशिया' उस वक्त उर्दू के बेहतरीन, खुले विचारों तथा दर्शनीय पत्रिकाओं में थी। हमारे आंदोलन से उनका जुड़ाव हम सबके लिए संतोष व प्रसन्नता का कारण था।

सागर साहब चूँकि मेरठ से आने वाले थे इसलिए हमने सोचा शायद ट्रेन लेट हो गई हो। लेकिन मौलाना न्याज़ फतेहपुरी भी अभी तक तशरीफ न लाए थे। वह तो लखनऊ ही में थे। उन्होंने हमारे घोषणापत्र पर दस्तखत भी किए थे और कान्फ्रेंस में निमंत्रित किए जाने पर शिरकत का वायदा भी किया था। आखिर वह क्यों नहीं आए? महीने-डेढ़ महीने पहले 'निगार' के आदरणीय संपादक के पास डॉ. अलीम के साथ मैं खुद गया था और प्रगतिशील आंदोलन के बारे में बात-चीत की थी। मौलाना न्याज फ़तेहपुरी से मेरी यह पहली मुलाकात थी। और उस दौर के अक्सर उर्दू भाषी नौजवानों की तरह मैं भी अपने को उनके गद्य लेखन के श्रद्धालुओं में शुमार करता था। इसके अतिरिक्त मौलाना न्याज़ फतेहपुरी ने सीमित तरीके से ही सही लेकिन काफी जोर-शोर के साथ मुसलमानों में प्रचलित धार्मिक आस्थाओं की संकीर्णता के खिलाफ़ कई मुल्लाओं से लड़ाइयाँ लड़ी थीं। उनकी साहित्यिक रचनाओं में रूमानियत ज्यादा आह्लादपूर्ण तथा भरी पूरी ज़िंदगी की तरफ इशारा करती थी।

हालाँकि गैर वास्तविक तत्त्वों से चमक पैदा करने की कोशिश और उसके नकलीपन से मन और मस्तिष्क को पूरी तरह संतोष नहीं होता था। बहर सूरत मौलाना न्याज़ फतेहपुरी का व्यक्तित्व उस वक्त तक एक पूरे संस्थान का रूप धारण कर चुका था और उर्दू साहित्य में उनकी एक खास जगह थी। हमारी तहरीक के साथ उनकी हमदर्दी मूल्यवान थी।

सागर साहब ने हमें बताया कि उन्हें कान्फ्रेंस में आने में देर इस वजह से हुई कि वह सुबह से न्याज़ के यहाँ बैठे थे और मौलाना न्याज़ इसका इंतजार कर रहे थे कि सम्मेलन के आयोजकों में से कोई सवारी लेकर उनके मकान पर पहुँचे तब वह तशरीफ ले चलें। घंटे-डेढ़ घंटे के इंतजार के बाद सागर साहब तो तांगे पर बैठ कर खुद ही कान्फ्रेंस तक आ गए लेकिन मौलाना न्याज़ इस वजह से तशरीफ नहीं लाएँ क्योंकि कोई उन्हें लाने के लिए नहीं गया। वह हमसे रूठ गए थे। सागर साहब ने हमें यह भी बताया कि मौलाना ने कान्फ्रेंस में पढ़ने के लिए एक आलेख भी तैयार किया था। इस वजह से वह हमसे और भी ज्यादा नाखुश थे।

इन बातों को सुनकर हमें अपनी कोताही पर शर्मिंदगी हुई और अपनी महरूमी का रंज। लेकिन हम यह सोचने पर मजबूर थे कि हमारी कान्फ्रेंस में शरीक होने वाले दो मुमताज अदीब प्रेमचंद और हसरत मोहानी बिलकुल दूसरी तरह से हमारी कान्फ्रेंस में आकर शरीक हुए थे। उनके अलावा बहुत से और नौजवान अदीब मुल्क के दूर-दराज इलाकों से किराया खर्च कर्ज लेकर, तीसरे या ड्योढ़े दर्जे में सफर करके लखनऊ तक पहुँचे थे और तकलीफदेह जगहों पर ठहरे थे। पंजाब के नुमाइंदे फ़ैज़ अहमद फ़ैज़ ने चुपके से रशीदा को बताया कि उनके पास बस लखनऊ आने-जाने भर का किराया तो था, लेकिन अब सिगरेट और ताँगा के किराया तक के लिए जेब में एक पैसा नहीं है। निश्चय ही इन लोगों और मौलाना न्याज़ में नुमायाँ फ़र्क था जो अपने लखनऊ के मकान से, जो रिफाहे आम से मील भर के फासले पर था, कान्फ्रेंस के हाल तक सवारी न पहुँचने की वजह से नहीं आ सके थे। जाहिर है कि मौलाना का मिजाज नई तरक्की पसंद तहरीक के मिजाज से बेमेल था।

बाद के सत्रों में जिन लोगों ने आलेख पढ़े उनमें अहमदअली, महमूदुज्ज़फ़र और फ़िराक़ थे। बंगाल की अंजुमन के सचिव ने आधुनिक बंगाली साहित्य की प्रवृत्तियों और बंगाल में अंजुमन के गठन पर लिखी हुई एक अच्छी रिपोर्ट प्रस्तुत की। गुजरात-महाराष्ट्र के तथा मद्रास की भाषाओं के प्रतिनिधियों ने भाषण (मौखिक) किए। ये सब आलेख और भाषण अंग्रेजी भाषा में थे। सागर निजामी ने देश प्रेम और स्वतंत्रता के विषयों पर अपनी कई नज्में सुनाईं। अहमद अली ने तरक्की पसंद अदब पर जो निबंध लिखा था, उसमें नई अदबी तहरीक के उद्देश्य और सिद्धांत बताए गए थे। इसकी प्रमुख विशेषता यह थी कि साहित्यिक समालोचना के कुछ दार्शनिक सूत्र गणित के फार्मूले के जरिए समझाए गए थे जो मामूली समझ और

ज्ञान रखने वालों की समझ से बाहर थे। इकबाल और टैगोर का प्रसंगवश तज़किरा था और उन्हें प्रतिक्रियावादी करार दिया गया था।

हकीकत यह है कि अहमद अली के आलेख की अधिकतर कमियाँ उनकी व्यक्तिगत कमजोरियाँ न थीं बल्कि हममें से अधिकांश की समालोचनात्मक दृष्टि की संकीर्णता को व्यक्त करती थीं। जरूरत इसकी थी कि हम अहमद अली के निबंध पर अच्छी तरह बहस करते, उनकी खूबियों को सराहते और उनकी खामियों पर नुक्ताचीनी करते। लेकिन हममें से कोई, जो इन खामियों को किसी कद्र महसूस भी करते थे, हँस कर चुप हो गए। मुश्किल यह थी कि अहमद अली आलोचना बर्दाश्त नहीं कर सकते थे और अगर उन पर कोई आपत्ति करे तो वह यह समझते थे कि वह शख्स ऐसा ईर्ष्यावश कर रहा है। और उसका मकसद उनकी अदबी हैसियत गिराकर उन्हें बदनाम करना है। इस डर से अहमद अली के मित्र भी उन पर तनकीद करने से झिझकते थे। लेकिन यह हमारी बहुत बड़ी गलती थी शायद इसी का नतीजा यह है कि अहमद अली रफ्ता-रफ्ता आत्ममुग्धता के खोल में घुसते-घुसते अदबी दुनिया से गायब हो गए। और उनकी विश्वसनीय साहित्यिक क्षमताएँ उतना विकास नहीं कर सकीं जितना कि मुमकिन था। अगर किसी को अपने से प्यार हो जाए तो उसके लिए खुदा की बाकी मखलूक से लगाव करना जरा मुश्किल है। और जब तक बाकी इंसानों से प्रेम और अपने अलावा दूसरों का भी दुःख-दर्द महसूस करने और उसका हल ढूँढ़ने की सलाहियत न होगी, तरक्की पसंदी कैसे हो सकती है?

फ़िराक़ के आलेख में हमारे मुल्क की उन्नीसवीं व बीसवीं सदी की सांस्कृतिक और साहित्यिक आंदोलनों पर रोशनी डाली गई थी। (ब्रह्म समाज, आर्य समाज, बहाबी और सर सैयद अहमद खाँ, वगैरा की तहरीकें) और साथ ही उसमें यह बताया गया था कि भारत की विभिन्न भाषाओं में आधुनिक साहित्य का विकास भी इन्हीं आंदोलनों से संबद्ध था। आखिर में यह कहा गया था कि नई तहरीक (प्रगतिशील) वस्तुतः हमारे देश के सांस्कृतिक विकास का गुणात्मक परिणाम है। वह आलेख बहुत जल्दी में लिखा गया था और पूरा भी न था लेकिन फ़िराक़ बहुत अच्छे और दिलचस्प वक्ता भी हैं। इसलिए उन्होंने सिर्फ आलेख पढ़ा ही नहीं बल्कि अंत में एक छोटी-सी तकरीर भी की।

फ़िराक़ की शख़्सियत के सिलसिले में उस ज़माने में जो बात अजीब मालूम होती थी वह यह थी कि उनकी अपनी शायरी और उनके तरक्की पसंद नजरियों में कोई खास ताल्लुक मालूम नहीं होता था। मालूम होता था जैसे उनका व्यक्तित्व विभिन्न खानों में बँटा हुआ है। उस वक्त तक उनका काव्य चिंतन पारंपरिक सीमाओं को तोड़ नहीं सका था। उनका यह विशिष्ट रंग जिससे वह प्रेम की वंचनाओं और निराशाओं को अँधेरी रात के झिलमिलाते हुए तारों की तरह खूबसूरत बनाकर इंसानी रूह को ज्यादा दर्द मंदी बख्शते हैं और उनका वह धीमा लहजा जो दरबारी राग

के सुरों की तरह अपनी गंभीर वेदना से जैसे जीवन की गरिमा को जाग्रत करता है, अभी तक नहीं उभरा था। उनकी कुशाग्रता और स्वच्छंदता ने उन्हें मानसिक रूप से तो प्रगतिशील बना दिया था और वह हमारे आंदोलन से संबद्ध हो गए थे। लेकिन जहाँ तक उनके फन का संबंध था वह क़दीम उर्दू शायरी की उन परंपराओं से तात्विक तौर से जुड़ा हुआ था, जिन्हें बाद में फ़िराक़ स्वयं बड़ी हद तक त्याग देने वाले थे। फिराक के फ़न पर फ़िराक के ज़हनी तब्दीली का असर जैसे नहीं के बराबर था हमारे और कई फ़नकारों की तरह फ़िराक उस वक्त अपनी दोहरी शख़्सियत के अंतर्विरोधों को हल करने की कोशिश आरंभ कर रहे थे और एक ईमानदार और अच्छे फ़नकार के लिए यह प्रक्रिया आसान नहीं थी।

मौलाना हसरत मोहानी का आग्रह था कि उन्हें पहले ही दिन तकरीर का मौक़ा दिया जाए लेकिन हम कामयाब कान्फ्रेंस करने के कुछ दाँव-पेंच तो जान ही गए थे। पहले ही दिन हम अपने बुजुर्ग तरीन और अच्छे वक्ताओं को बुलवाकर हम अपनी महफ़िल की रौनक खत्म नहीं कर देना चाहते थे। इसलिए उनकी तकरीर दूसरे दिन शाम के सत्र में हुई। मौलाना ने अपनी तकरीर में पहले तो तरक्की पसंद लेखकों की तहरीक के घोषणा पत्र और उद्देश्यों से पूरी सहमति व्यक्त की। उन्होंने कहा हमारे साहित्य को राष्ट्रीय मुक्ति का स्वर बनना चाहिए। उसे साम्राज्यवादियों तथा जुल्म करने वाले अमीरों की मुखालिफत करनी चाहिए। उसे मजदूरों, किसानों और तमाम मजलूम इंसानों की तरफदारी और हिमायत करनी चाहिए। उसमें अवाम के दुःख-सुख उनकी बेहतरीन ख्वाहिशों और तमन्नाओं की अभिव्यक्ति, इस तरह करनी चाहिए जिससे उनकी क्रांतिकारी शक्ति का विकास हो सके और वह एक व संगठित होकर अपने क्रांतिकारी संघर्ष को कामयाब बना सकें। मौलाना अपने ख्यालात को छिपाने या किसी कूटनीति के आधार पर उस पर पर्दा डालने के कायल तो थे ही नहीं। उन्होंने कहा 'महज तरक्की पसंदी' काफ़ी नहीं है। आधुनिक साहित्य को समाजवाद और साम्यवाद का सदुपदेश भी देना चाहिए। उसे इंकलाबी होना चाहिए, उन्होंने यह समझाने का प्रयास किया कि इस्लाम और कम्युनिज्म में कोई विरोध नहीं हुआ है। उनके नजदीक इस्लाम का लोकतांत्रिक लक्ष्य इस बात की अपेक्षा करता है कि सारी दुनिया में मुसलमान साम्यवादी व्यवस्था कायम करने की कोशिश करें। चूँकि मौजूदा दौर में ज़िंदगी की सबसे बड़ी जरूरत यही है, इसलिए तरक्की पसंद अदीबों को इन्हीं ख्यालात का प्रचार करना चाहिए।

आखिर में मौलाना ने खुद अपनी शायरी का जिक्र किया और हँसते हुए कुछ इस किस्म की बात कही कि "आप सोचते होंगे कि जब मैं अदीबों के सामने यह मकसद पेश कर रहा हूँ तो खुद उस पर अमल क्यों नहीं करता? जाहिर है मेरी शायरी में इस किस्म की कोई बात नहीं होती, लेकिन आपको इसकी तरफ ध्यान नहीं देना चाहिए.... आपको ज़िंदगी के ज्यादा अहम और संजीदा समस्याओं की तरफ

ध्यान देना चाहिए। और मैं इस कान्फ्रेंस में शरीक होने के लिए खास तौर पर इसलिए आया हूँ कि आपके इन उद्देश्यों की तरफ़दारी और हिमायत का ऐलान करूँ जो आपने अपने घोषणापत्र में लिखे हैं। मैं चाहता हूँ कि हमारे मुल्क में इस किस्म के साहित्य का सृजन हो। पुरानी बातों से काम नहीं चलेगा। वो महज दिल बहलाने की चीज है। शायरी के मामले में आपको मेरी तकलीद (अनुकरण) करने की जरूरत नहीं। बल्कि मैं स्वयं इस किस्म के लिए तरक्की पसंद अदब की रचना में आपकी पूरी तरह मदद करूँगा।''

मौलाना हसरत मोहानी की तकरीर से हमारा दिल बहुत बढ़ा और मौलाना अपने वचन के पूरे उतरे। कानपुर में जब अंजुमन की शाखा बनी तो मौलाना हसरत मोहानी उसके अध्यक्ष हुए। और जब कभी अंजुमन पर ऐसे हज़रात हमला करते थे जिनके विकृत साम्राज्यवादी प्रतिक्रियावादी चेहरे मजहब की नकाब से ढँके हुए थे तो मौलाना हसरत मोहानी तहरीक के लिए सीना तान कर खड़े हो जाते और उन्हें मुँह तोड़ जवाब देते थे। लेकिन मौलाना को सियासत की तरह अदब में भी संयुक्त मोर्चे की कल्पना से तीव्र असहमति थी। हमारे ख्याल में तरककी पसंद अदबी तहरीक में सिर्फ कम्युनिस्ट या सोशलिस्ट नहीं बल्कि विभिन्न विचारों वाले लोगों के लिए जगह थी। अंजुमन उनसे देश की आजादी और लोकतंत्र में यकीन रखने का मुतालवा करती थी, साम्यवाद में नहीं। मौलाना इस मामले में अतिवादी थे। उनके निकट तरक्की पसंद के लिए कम्युनिस्ट होना जरूरी था। हमारे लिए यह जरूरी नहीं था।

कान्फ्रेंस के अंतिम दिन शाम के सत्र में अन्य लोगों के अलावा समाजवादी नेता जयप्रकाश नारायण, युसुफ मेहर अली, इन्दुलाल याज्ञिक, कमलादेवी चट्टोपाध्याय और मियाँ इफ्तखारउद्दीन ने भी शिरकत की। ये लोग उस जमाने में मुल्क के मध्यम वर्ग के उन रोशन ख्याल नौजवानों की नुमाइंदगी करते थे जो साम्राज्यवाद विरोधी क्रांति के इच्छुक थे। कमलादेवी ने कान्फ्रेंस में एक छोटी-सी तकरीर में नई तहरीक का अभिनंदन किया। मोहतरमा सरोजिनी नायडू बुलबुले हिंद भी कांग्रेस के इजलास में शरीक होने के लिए लखनऊ में मौजूद थी। उन्होंने हमारी कान्फ्रेंस में शिरकत का वायदा किया था लेकिन बदकिस्मती से ऐन वक्त पर बीमार हो गईं। उन्होंने सम्मेलन को एक संदेश लिखकर भेजा जो पढ़कर सुनाया गया।

कान्फ्रेंस में प्रगतिशील लेखकों का घोषणा पत्र भी पेश किया गया और सर्वसम्मति से स्वीकार हुआ। इस घोषणापत्र में और उसमें जिसका मसविदा प्रारंभ में लंदन में तैयार हुआ था और जिस पर उस वक्त तक हमने दस्तखत लिए थे सिर्फ चंद लफ्जों का फर्क था, ये संशोधन महाराष्ट्र के प्रतिनिधियों ने प्रस्तुत किए थे, जिनको सबने स्वीकार किया।

अंजुमन (संघ) का एक संविधान भी मंजूर हुआ। उसका मसविदा (पांडुलिपि)

डॉ. अब्दुल अलीम महमूदुज्जफ़र और मैंने मिलकर तैयार किया था। मुझे अंजुमन का महामंत्री चुना गया और मेरे सुपुर्द अंजुमन का केंद्रीय कार्यालय इलाहाबाद में कायम करने और चलाने का काम हुआ। अंजुमन की कार्यकारिणी के बारे में तय हुआ कि उसके सदस्यों को विभिन्न प्रांतों या भाषाई क्षेत्रों की अंजुमनें चुनेंगी। यह निश्चित हुआ कि इसकी कोशिश की जाए कि हिंदुस्तान की हर बड़ी ज़बान के इलाके में क्षेत्रीय इकाइयाँ हों और तमाम प्रांतीय इकाइयों के चुने हुए प्रतिनिधियों की एक अखिल भारतीय परिषद हो, जिसका अधिवेशन साल में कम से कम दो बार हो।

इनके इलाहाबाद सम्मेलन में चंद और प्रस्ताव स्वीकार किए गए जिनमें से दो इस कारण से महत्त्वपूर्ण थे कि उनसे नई तहरीक की कुछ विशिष्टताओं का पता चलता था।

एक प्रस्ताव में मुसोलिनी के फासिस्ट हमले और दूसरे में जापान के चीन पर हमले की निंदा की गई थी।

इस प्रस्ताव में सामंतशाही और साम्राज्यवादी जंगों की निंदा की गई और भारतीय लेखकों के स्वतंत्रता प्रेम लोकतांत्रिक तथा शांतिकामी भावनाओं को व्यक्त किया गया। दूसरे विश्वयुद्ध के काले बादल उस वक्त आसमान पर मँडरा रहे थे। प्रगतिशील लेखकों ने कहा कि तमाम दूसरे शांति प्रेमियों के साथ मिलकर ही इस जंग को रोकने की कोशिश करेंगे। इससे यह साबित होता है कि प्रगतिशील लेखकों का आंदोलन अपनी स्थापना के आरंभ से ही शांति, स्वतंत्रता और लोकतंत्र का पक्षधर था। और कौमों की आजादी तथा विश्व शांति को सभ्यता की रक्षा और प्रगति के लिए आवश्यक मानती थी।

दूसरे प्रस्ताव में व्यक्तियों, संगठनों और वर्गों के विचारों तथा अभिव्यक्ति के लोकतांत्रिक अधिकार के पक्ष में आवाज बुलंद की गई। ब्रिटिश शासन ने प्रेस के कानून, बगैर मुकदमा चलाए गिरफ्तारी और अन्य पाबन्दियाँ लगाकर इन अधिकारों को छीन लिया था। ताजीराते हिंद की धारा 124 (शासन के विरुद्ध घृणा फैलाने) के जरिए, पत्र-पत्रिकाओं को बंद करके और उनके प्रकाशन में रुकावट डालकर, प्रगतिशील पुस्तकों को जब्त करके, संपादकों और लेखकों को बंदी बनाकर इन मानवीय अधिकारों को एकदम छीन लिया था। प्रगतिशील लेखकों ने इसकी निंदा की और अंजुमन को यह हिदायत दी कि देश के तमाम लोकतांत्रिक आंदोलनों के साथ सहयोग करके वह अभिव्यक्ति की आज़ादी और विचारों के बुनियादी इंसानी अधिकारों को हासिल करने की कोशिश करे।

इतिहास गवाह है कि तानाशाहों ने सच्चाई की आवाज को हमेशा अत्याचार और दमन के जरिए दबाने की कोशिश की है। आज़ाद जहन, साफ बात कहने वाली और बेबाक कलम को अगर वह खरीद नहीं सके और भयभीत नहीं कर सके तो

उन्होंने फौलादी बेड़ियों और सलाखों, जहर के प्याले और जल्लाद की तलवार से काम किया। लेकिन इतिहास यह भी बताता है कि मनुष्य की स्वच्छंद आत्मा को कभी बंदी नहीं बनाया जा सकता। कोई सच्चा उपदेशक, शायर विद्वान या कलाकार जिसकी रचनाओं और दृष्टिकोण में उसके युग की विकासशील सच्चाई की झलक और चमक हो, को दबाया नहीं जा सकता। अगर दमन का सहारा लेकर उसकी ज़बान बंद भी कर दी जाए और उसकी कलम तोड़ दी जाए तो वही हकीकत जिसकी आजादी के साथ अभिव्यक्ति की अनुमति नहीं दी गई है हजारों लाखों अवाम के दिलों से स्वच्छ झरनों की तरह फूट पड़ता है। चरित्र, ज्ञान और व्यवहार की नई राहें खुल जाती हैं तथा नए और पुराने के द्वंद्व और संघर्ष से गति को तीव्र करती हुई जीवन की धारा तारीक और तंग, अँधेरी और संकीर्ण वादियों से निकलकर शादाब और रौशन सब्जाज़ारों की तरफ बढ़ जाती है।

हमारे ये प्रस्ताव, जिन्हें शासन और उनके ढिंढोराचार्यों ने राजनीतिक घोषित करके यह सिद्ध करने का प्रयास किया कि प्रगतिशील लेखकों का आंदोलन साहित्यक कम और राजनीतिक ज्यादा है और इसलिए शुद्ध और वास्तविक साहित्यकारों को इससे बचकर रहना चाहिए, वास्तव में हमारे प्राचीन सांस्कृतिक जीवन में एक पुरातन तथा प्रशंसनीय सांस्कृतिक परंपरा को दोहराते तथा उसे संगठित स्वरूप प्रदान करते थे। अंतर केवल इतना था कि अब भारत भूमि के साहित्यकार बाकायदा और संगठित तौर पर अपने युग की आवश्यकताओं तथा स्थितियों के अनुरूप यह निश्चय कर रहे थे कि वह आजादी और सच्चाई की सेवा करेंगे और किसी की नहीं। अंतर यह था कि लोकतांत्रिक विजय के इस नए युग में मीर, सौदा, ग़ालिब और दूसरे बहुत से अज़ीम फ़नकारों की तरह इन्हें अमीर शासकों की झूठी प्रशंसा तथा जौहरें असली की बेकद्री पर खून के आँसू बहाने के बजाए आजादी प्रेमी जनता के समर्थन से इल्हाम और ताकत हासिल हो सकती थी।

कान्फ्रेंस खत्म हुई और हमें उसके खात्मे पर अपनी कोताहियों और खामियों का अहसास और नई जिम्मेदारियों से पैदा होने वाली फिक्र और परेशानी उस खुशी से ज्यादा थी जो किसी काम के अच्छी तरह खत्म हो जाने के बाद होती है। कान्फ्रेंस ने हमारे उद्देश्यों को सुनिश्चित कर दिया था और उस नक्शे को अंततः पूरा कर दिया था जिसके अनुसार देश के तमाम प्रगतिशील लेखकों का संगठन होना चाहिए।

(रौशनाई के अध्याय-4 का संक्षिप्त रूप)

(अनुवाद–शकील सिद्दीकी)

गर्मियों की एक रात

मुंशी बरकत अली इशा की नमाज पढ़कर चहलकदमी करते हुए अमीनाबाद पार्क तक चले आए। गर्मियों की रात, हवा बंद थी। शर्बत की छोटी-छोटी दुकानों के पास लोग खड़े बातें कर रहे थे। लौंडे चीख-चीखकर अख़बार बेच रहे थे। बेल के हार वाले हर भले मानुस के पीछे हार ले लपकते। चौराहे पर ताँगा और इक्का वालों की लगातार पुकार जारी थी।

"चौक। एक सवारी। चौक, मियाँ चौक पहुँचा दूँ।"

"ऐ हुजूर, कोई ताँगा-वाँगा चाहिए।"

"हार बेले के, गजरे मोती के।"

"क्या मलाई की बरफ है!"

मुंशी जी ने हार खरीदा, शरबत पिया और पान खाकर पार्क के अंदर दाखिल हुए। बेंचों पर बिल्कुल जगह न थी। लोग नीचे घास पर लेटे हुए थे। चंद बेसुरे गाने के शौकीन इधर-उधर शोर मचा रहे थे। कुछ लोग चुप बैठे, धोतियाँ खिसका कर बड़े इत्मीनान से अपनी टाँगें और रानें खुजाने में व्यस्त थे। इस बीच मच्छरों पर भी झपट-झपट कर हमले करते जाते। मुंशी जी क्योंकि पायजामा पहनते थे, इसलिए उन्हें इस बदतमीजी पर बहुत गुस्सा आया। अपने जी में उन्होंने कहा, इन कंबख्तों को कभी तमीज नहीं आएगी। इतने में एक बेंच पर से किसी ने उन्हें पुकारा, "मुंशी बरकत अली!" मुंशी जी मुड़े।

"अखवा लाला जी, आप हैं। कहिए मिजाज तो अच्छे हैं?" मुंशी जी जिस दफ्तर में नौकर थे, लालाजी उसके हेड क्लर्क थे। मुंशी जी उनके मातहत थे। लालाजी ने जूते उतार दिए थे और बेंच के बीचों-बीच पैर उठाकर अपना भारी-भरकम जिस्म लिए बैठे थे। वह अपनी तोंद पर नर्मी से हाथ फेरते जाते और बातें कर रहे थे। मुंशी जी को जाते देखकर उन्होंने उन्हें पुकार लिया। मुंशी जी लाला साहब के सामने आकर खड़े हो गए।

लाला जी हँसकर बोले, "कहो मुंशी बरकत अली, ये हार-वार खरीदे हैं, क्या इरादे हैं" और यह कहकर जोर से कहकहा लगाकर अपने दोनों साथियों की तरफ दाद तलब करने को देखा। उन्होंने भी लाला जी की मंशा देखकर हँसना शुरू कर दिया।

मुंशी जी भी रूखी फीकी हँसी हँसे, "जी इरादे क्या हैं, हम तो आप जानिए गरीब आदमी ठहरे। गर्मी के मारे दम नहीं लिया जाता। रातों की नींद हराम हो गई। यह हार ले लिया शायद दो घड़ी आँख लग जाए।"

लाला जी ने अपने गंजे सिर पर हाथ फेरा और हँसे, "शौकीन आदमी हो मुंशी, क्यों न हो" और यह कहकर फिर अपने साथियों से बातें करने में व्यस्त हो गए। मुंशी जी ने मौका गनीमत जान कर कहा, "अच्छा लाला जी चलते हैं, आदाब अर्ज है।" और यह कहकर आगे बढ़े। दिल ही दिल में कहते थे, दिन-भर की घिस-घिस के बाद यह लाला कम्बख्त सर पड़ा। पूछता है, "इरादे क्या हैं?" हम कोई रईस ताल्लुकेदार हैं कहीं के कि रात को बैठकर मुजरा सुनें और कोठों की सैर करें। जेब में कभी चवन्नी से ज्यादा हो भी सही। बीवी-बच्चे, साठ रुपया महीना, ऊपर की आमदनी का कुछ ठीक नहीं, आज न, जाने क्या था जो एक रुपया मिल गया। ये देहाती काम कराने वाले, कम्बख्त रोज-ब-रोज चालाक होते जाते हैं। घंटों की झक-झक के बाद जेब से टका निकालते हैं और फिर समझते है कि गुलाम खरीद लिया। सीधी बात नहीं करते। कमीने-नीच दर्जे के लोग, इनका सिर फिर गया है। आफत हम बेचारे शरीफ लोगों की है। एक तरफ तो नीचे दर्जे के लोगों के मिजाज नहीं मिलते, दूसरी तरफ बड़े साहब और सरकार की सख्ती बढ़ती जाती है। अभी दो महीने का जिक्र है, बनारस के जिले में दो मोहर्रिर बेचारे रिश्वतखोरी के जुर्म में बरखास्त कर दिए गए। हमेशा यही होता है। गरीब बेचारा पिसता है। बड़े अफसर का बहुत हुआ तो एक जगह से दूसरी जगह भेज दिए गए।

मुंशी जी ने कहा, "अख्खा, तुम हो जुम्मन" मगर मुंशी जी चलते रहे, रूके नहीं। पार्क से मुड़कर नजीराबाद पहुँच गए। जुम्मन साथ-साथ हो लिया। दुबले-पतले, दबा हुआ कद, मखमल की किश्तीनुमा टोपी पहने, हार हाथ में लिए आगे-आगे मुंशी जी और उनसे कदम दो कदम पीछे साफा बाँधे, अंगरखा पहने, लंबा-चौड़ा चपरासी जुम्मन।

मुंशी जी ने सोचना शुरू किया कि आखिर इस वक्त जुम्मन का मेरे साथ-साथ चलने का क्या मतलब है?

"कहो भई जुम्मन, क्या हाल है? अभी पार्क में हेड क्लर्क साहब से मुलाकात हुई थी। वह भी गर्मी की शिकायत करते थे।"

"अजी मुंशी जी, क्या अर्ज करूँ, एक गर्मी सिर्फ क्या थोड़ी है, जो मारे डालती है। साढ़े चार पाँच बजे दफ्तर से छुट्टी मिली, उसके बाद सीधे वहाँ से बड़े साहब

के यहाँ घर पर हाजिरी देनी पड़ी। अब जा कर वहाँ से छुटकारा हुआ तो घर जा रहा हूँ। आप जानिए कि दस बजे सुबह से आठ बजे तक दौड़-धूप रहती है। कचहरी के बाद तीन बार दौड़-दौड़ कर बाजार जाना पड़ा। बर्फ, तरकारी, फल सब खरीदकर लाओ, ऊपर से डाँट अलग से पड़ती है, आज दामों में टका ज्यादा क्यों है? ये फल सड़े क्यों हैं। आज जो आम खरीद कर ले गया था, वो बेगम को पसंद नहीं आए। वापसी का हुक्म हुआ। मैंने कहा, हुजूर, अब रात को भला ये वापस क्या होंगे। तो जबाव मिला, हम कुछ नहीं जानते, कूड़ा थोड़ी खरीदना है। सो हुजूर ये रुपए के आम गले पड़े। आम वाले के यहाँ गया तो एक तो तू-तू-मैं-मैं करनी पड़ी, रुपए के आम बारह आने के वापस हुए, चवन्नी की चोट पड़ी। महीना का खत्म और घर में हुजूर कसम ले लीजिए जो सूखी रोटी भी खाने को हो, कुछ समझ में नहीं आता क्या करूँ और कौन सा मुँह ले कर जोरू के सामने जाऊँ।''

मुंशी जी घबड़ाए, आखिर जुम्मन का मंशा इस सारी दास्तान को बयान करने का क्या था। कौन नहीं जानता कि गरीब तकलीफ उठाते हैं और भूखे मरते हैं। मगर मुंशी जी का इसमें क्या कुसूर। उनकी ज़िंदगी खुद कौन बहुत आराम से कटती है। मुंशी जी का हाथ बेइरादे अपनी जेब की तरफ गया। वह रुपया जो आज उन्हें ऊपर से मिला था सही-सलामत जेब में मौजूद था।

''ठीक कहते हो मियाँ जुम्मन, आजकल के जमाने में गरीबों की मरन है। जिसे देखो, यही रोना रोता है। कुछ घर में खाने को नहीं। सच पूछो तो सारे आसार बताते हैं कि कयामत करीब है। दुनिया भर के जालिए तो चैन से मजे उड़ाते हैं और जो बेचारे अल्लाह के नेक बंदे हैं उन्हें हर किस्म की मुसीबत और तकलीफ बर्दाशत करनी होती है।''

जुम्मन चुपचाप मुंशी जी की बाते सुनता, उनके पीछे-पीछे चलता रहा। मुंशी जी ये सब कहते तो जाते थे मगर उनकी घबड़ाहट भी बढ़ती जाती थी। मालूम नहीं उनकी बातें का जुम्मन पर क्या असर हो रहा था।

''कल जुमा की नमाज के बाद मौलाना साहब ने कयामत के आसार पर तकरीर फरमाई थी। मियाँ जुम्मन सच कहता हूँ, जिस-जिस ने सुना उसकी आँखों में आँसू जारी थे। भाई, दरअसल यह सब हम सभी की काली करतूतों का नतीजा है। खुदा की तरफ से जो कुछ अजाब (तकलीफें) हम पर नाजिल हों वह कम हैं। कौन-सी बुराई है, जो हम में नहीं। इससे कम कुसूर पर अल्लाह ने बनी इसराइल (अरब का एक कबीला यहूदी) पर जो मुसीबतें नाजिल कीं, उनका ख्याल करके बदन के रोंगटे खड़े हो जाते हैं। मगर वह तो तुम जानते ही होंगे।''

जुम्मन बोला, ''हम गरीब आदमी मुंशी जी, भला ये सब इल्म की बातें क्या जानें। कयामत के बारे में तो मैंने सुना है, मगर हुजूर यह बनी इसराइल बेचारे कौन थे।''

यह सवाल सुनकर मुंशी जी को जरा सुकून हुआ। खैर, गरीबी और फाके

से गुजर कर बातचीत का सिलसिला अब कयामत व बनी इसराइल तक पहुँच गया था। मुंशी जी खुद बहुत ज्यादा इस बारे में न जानते थे, मगर इन विषयों पर घंटों बातें कर सकते थे।

"ऐ, वाह मियाँ जुम्मन वाह! तुम अपने को मुसलमान कहते हो और यही नहीं जानते कि बनी इसराइल किस चिड़िया का नाम है। मियाँ सारा कलाम पाक (कुर्आन) तो बनी इसराइल के ज़िक्र से भरा पड़ा है। हजरत मूसा कलीम उल्लाह का नाम भी तुमने सुना है?"

"जी क्या फरमाया आपने? कलीम उल्लाह?"

"अरे भई हजरत मूसा...मू...सा"

"मूसा वही तो नहीं जिन पर बिजली गिरी थी?"

मुंशी जी जोर से ठट्ठा मारकर हँसे। अब उन्हें बिल्कुल इत्मीनान हो गया। चलते-चलते वह क़ैसरबाग के चौराहे तक आ पहुँचे थे। यहाँ पर तो जरूर ही इस भूखे चपरासी का साथ छूटेगा। रात को इत्मीनान से जब कोई खाना खा कर, नमाज पढ़कर दम भर को दिल बहलाने के लिए चहलकदमी को निकले, तो एक गरीब भूखे इंसान का साथ-साथ हो जाना, जिससे पहले से परिचय भी हो, कोई ख़ुशगवार बात नहीं। मगर मुंशी जी आखिर करते क्या! जुम्मन को कुत्ते की तरह दुत्कार तो सकते न थे क्योंकि एक तो कचहरी में रोज का सामना दूसरे वह नीचे दर्जे का आदमी ठहरा, क्या ठीक कोई बदतमीजी कर बैठे तो सरे बाजार बिना वजह अपनी बनी-बनाई इज्जत में बट्टा लगे। बेहतर यही था कि इस चौराहे पर पहुँच कर दूसरी राह ली जाए और यों इससे छुटकारा हो।

"खैर, बनी इसराइल और मूसा का ज़िक्र मैं फिर कभी तुमसे तफसील से करूँगा। इस वक्त तो जरा मुझे इधर काम से जाना है सलाम मियाँ जुम्मन।" यह कह कर मुंशी जी क़ैसरबाग सिनेमा की तरफ मुड़े। मुंशी जी को यों तेज कदम जाते देख कर पहले तो जुम्मन एक क्षण के लिए अपनी जगह पर खड़ा का खड़ा रह गया, उसकी समझ में नहीं आता था कि वह करे तो क्या करे। उसकी पेशानी पर पसीने के कतरे चमक रहे थे। उसकी आँखें बिना किसी मकसद के इधर-उधर मुड़तीं। बिजली की तेज रोशनी, फ़व्वारा, सिनेमा के पोस्टर, होटल, दुकानें, मोटर, ताँगे, इक्के और सबके ऊपर तारीक आसमान और झिलमिलाते हुए सितारे। गरज खुदा की सारी बस्ती।

दूसरे ही क्षण जुम्मन मुंशी जी की तरफ लपका। उस वक्त वह सिनेमा के पोस्टर देख रहे थे और बहुत खुश थे कि जुम्मन से जान छूटी।

जुम्मन ने उनके करीब पहुँचकर कहा, "मुंशी जी!"

मुंशी जी का कलेजा धक से हो गया। सारी मजहबी गुफ़्तगू, सारी कयामत की बातें, सब बेकार गई। मुंशी जी ने जुम्मन को कोई जवाब नहीं दिया।

जुम्मन ने कहा, "मुंशी जी, अगर आप इस वक्त मुझे एक रुपया कर्ज दे सकते तो मैं हमेशा..."

मुंशी जी मुड़े, "मियाँ जुम्मन, मैं जानता हूँ कि तुम इस वक्त तंगी में हो, मगर तुम तो खुद जानते हो मेरा अपना क्या हाल है। रुपया तो रुपया एक पैसा तक मैं तुम्हें नहीं दे सकता। अगर मेरे पास होता तो भला तुमसे छिपाना थोड़े था। तुम्हारे कहने की भी जरूरत न होती। पहले ही जो कुछ होता तुम्हें दे देता।"

बावजूद इसके जुम्मन ने विनती शुरू की, "मुंशी जी, क़सम ले लीजिए, जरूर आपको तनख़्वाह मिलते ही वापस कर दूँगा। सच कहता हूँ, हुजूर इस वक्त कोई मेरी मदद करने वाला नहीं।" मुंशी जी इस झिक-झिक से बहुत घबड़ाते थे। इंकार चाहे सच्चा ही क्यों न हो, बहुत कष्टदायी होता है। इसी वजह से वह शुरू से चाहते थे कि यहाँ तक नौबत ही न आए।

इतने में सिनेमा खत्म हुआ और तमाशाई अंदर से निकले।

"अरे मियाँ बरकत, भई तुम कहाँ?" किसी ने पास से पुकारा। मुंशी जी जुम्मन की तरफ से उधर मुड़े। एक साहब मोटे ताजे तीस-पैंतीस बरस के अंगरखा और दो-पल्ली टोपी पहने, पान खाए सिगरेट पीते हुए मुंशी जी के सामने खड़े थे। मुंशी जी ने कहा, "ओहो, तुम हो! सालों बाद मुलाकात हुई। तुमने लखनऊ तो छोड़ ही दिया। मगर भाई क्या मालूम आते भी होगे तो हम गरीबों से क्यों मिलने लगे?" वह मुंशी जी के पुराने कालेज के साथी थे। रुपये-पैसे वाले, रईस आदमी। वह बोले, "खैर, यह सब बातें छोड़ो। मैं दो दिन के लिए यहाँ आया हूँ। जरा लखनऊ में तफरीह के लिए। चलो इस वक़्त मेरे साथ चलो, तुम्हें वो मुजरा सुनवाऊँ कि उम्र भर याद करो। मेरी मोटर मौजूद है। अब .ज्यादा मत सोचो, चले चलो। सुना है तुमने कभी नूरजहाँ का गाना? आ-हा-हा, क्या गाती है। क्या बताती है, क्या नाचती है! वह अदा, वह फ़वन, उसकी कमर की लचक, उसके पाँव के घुँघरू की झंकार, मेरे मकान पर, खुले सहन में, तारे की छाँव में, महफिल होगी। भैरवी सुनकर जलसा बर्खास्त होगा। बस, अब.ज्यादा मत सोचो, चले ही चलो। कल इतवार है। बीवी-बेगम की जूतियों का डर है। अगर ऐसे ही औरत की गुलामी करनी थी तो शादी क्यों की? चलो भी मियाँ, मजा रहेगा। रूठी बेगम को मनाने में भी तो मजा है।"

पुराना दोस्त, मोटर की सवारी, गाना-नाच, जन्नत निगाह, फिरदौस गोश, मुंशी जी लपक कर मोटर में सवार हो गए। जुम्मन की तरफ उनका ध्यान भी न गया। जब मोटर चलने लगी तो उन्होंने देखा कि वह उसी तरह चुप खड़ा है।

दुलारी

जोकि बचपन से वह इस घर में रही-पली मगर सोलहवें-सतरहवें बरस में थी कि आखिरकार लौंडी भाग गई। उसके माँ-बाप का पता नहीं था, उसकी सारी दुन्या यही घर था और इसके घर वाले शेख नाजिम अली साहब खुशहाल आदमी थे। घराने में अल्लाह की मेहरबानी से कई बेटे और बेटियाँ भी थीं। बेगम साहिबा भी ज़िंदा थीं और जनाने में उनका पूरा राज था। दुलारी खास उनकी लौंडी थीं। घर में और नौकरानियाँ और मामाएँ आतीं, महीना-दो महीना, साल-दो साल काम करतीं, उसके बाद जरा-सी बात पर झगड़ कर नौकरी छोड़ कर चली जातीं। मगर दुलारी के लिए हमेशा एक ही ठिकाना था। उससे घर वाले काफी मेहरबानी से पेश आते। ऊँचे दर्जे के लोग हमेशा अपने से नीचे तबके वालों का ख्याल रखते हैं। दुलारी को खाने और कपड़े की शिकायत न थी! दूसरी नौकरानियों के मुकाबले में उसकी हालत अच्छी न थी। मगर बावजूद इसके कभी-कभी जब किसी मामा से उसका झगड़ा होता तो वह हमेशा यह कटाक्ष सुनती, "मैं तेरी तरह कोई लौंडी थोड़ी हूँ।" इसका दुलारी के पास कोई जवाब नहीं होता।

उसका बचपन बेफिक्री में गुजरा। उसका रुतबा घर की बीवियों से तो क्या नौकरानियों से नीचे था। वह पैदा ही इस वर्ग में हुई थी। यह सब तो खुदा का किया-धरा है। वही जिसे चाहता है इज्जत देता है, जिसे चाहता है जलील करता है। उसका रोना क्या? दुलारी को अपनी पस्ती की कोई शिकायत नहीं थी। मगर जब उसकी उम्र का वह जमाना आया जब लड़कपन की समाप्ति और जवानी की आमद होती, और दिल की गहरी और अँधेरी बेचैनियाँ ज़िंदगी को कभी तल्ख और कभी मीठी बनाती है, तो वह अक्सर रंजीदा-सी रहने लगी। लेकिन यह एक अंदरूनी कैफियत थी, जिसकी उसे न तो वजह थी और न दवा। छोटी साहबजादी और दुलारी करीब-करीब एक उम्र की थीं और साथ खेलती थीं। मगर ज्यों-ज्यों उनकी वय बढ़ती थी, त्यों-त्यों दोनों के बीच फासला ज़्यादा होता जाता। साहबजादी क्योंकि शरीफ

थीं, उनका वक्त पढ़ने-लिखने, सीने-पिरोने में खर्च होने लगा। दुलारी कमरों की धूल साफ करती, जूठे बर्तन धोती, घड़ों में पानी भरती। वह खूबसूरत थी, खुला हुआ चेहरा, लंबे-लंबे हाथ-पैर, भरा जिस्म। मगर आमतौर पर उसके कपड़े मैले कुचैले होते और उसके बदन से बू आती। त्यौहार के दिनों अलबत्ता वह अपने रखाऊ कपड़े निकाल कर पहनती और सिंगार करती थी। अगर कभी भूल-भटके उसे बेगम साहेबा या साहबजादियों के साथ कहीं जाना होता तब भी उसे साफ कपड़े पहनना होते।

शबबरात थी। दुलारी गुड़िया बनी थी। औरतों वाले घर के आँगन में आतशबाजी छूट रही थी। सब घर वाले, नौकर-चाकर खड़े तमाशा देखते। बच्चे शोर मचा रहे थे। बड़े साहबजादे कासिम भी मौजूद थे जिनका सिन बीस इक्कीस बरस का था। यह अपने कालेज की तालीम खत्म ही करने वाले थे। बेगम साहब उन्हें बहुत चाहती थीं। मगर वह हमेशा घरवालों से बेजार रहते और उन्हें तंगनज़र व जाहिल समझते। जब वह छुट्टियों में घर आते तो उनकी छुट्टियाँ बहस करते ही गुजर जातीं। वह अक्सर पुराने रस्मों के खिलाफ थे। मगर इनसे नाराजगी जाहिर करके सब कुछ बर्दाश्त कर लेते। इससे ज़्यादा कुछ करने को तैयार नहीं थे।

उन्हें प्यास लगी और उन्होंने अपनी माँ के कन्धे पर सिर रख कर कहा, ''अम्मी जान, प्यास लगी है।'' बेगम साहब ने मोहब्बत-भरे लहजे में जवाब दिया, ''बेटा शर्बत पियो, मैं अभी बनवाती हूँ।'' और यह कहकर दुलारी को पुकार कर कहा शर्बत तैयार करे।

काज़िम बोले, ''जी नहीं, अम्मा जान, उसे तमाशा देखने दीजिए, मैं खुद जाकर पानी पी लूँगा।'' मगर दुलारी हुक्म मिलते ही अंदर की तरफ चल दी थी। काज़िम भी पीछे-पीछे दौड़े। दुलारी एक तंग अँधेरी कोठरी में शर्बत की बोतल चुन रही थी। काज़िम भी वहाँ पहुँचकर रुके।

दुलारी ने मुड़कर पूछा, ''आपके लिए कौन-सा शर्बत तैयार करूँ?'' मगर उसे कोई जवाब नहीं मिला। काज़िम ने दुलारी को आँख भर कर देखा। दुलारी का सारा जिस्म थरथराने लगा और उसकी आँखों में आँसू भर आए। उसने एक बोतल उठा ली और दरवाजे की तरफ बढ़ी। काज़िम ने बढ़कर बोतल उसके हाथ से लेकर अलग रख दी और उसे गले से लगा लिया। लड़की ने आँखें बंद कर लीं और अपना तन-मन उसकी गोद में दिया।

दो हस्तियों ने, जिनके मानसिक जीवन में जमीन आसमान का फर्क था। यकायक यह महसूस किया कि उनकी आकांक्षाओं को किनारा मिल गया है। दरअस्ल वो तिनकों की मानिंद काली ताकतों के समंदर में बहे चले जा रहे थे।

एक साल गुजर गया। काज़िम की शादी ठहर गई। शादी के दिन आ गए। चार-पाँच दिनों के अंदर घर में दुल्हन आ जाएगी। घर में मेहमानों का हुजूम है, एक जश्न है, बहुत सारे काम हैं। दुलारी एक दिन रात को गायब हो गई। बहुत

छान-बीन हुई, पुलिस को सूचना दी गई, मगर कहीं पता न चला। एक नौकर पर सबको शक था। लोग कहते थे कि उसी की मदद से दुलारी भागी और वही उसे छिपाए हुए है। वह नौकर निकाल दिया गया वास्तव में दुलारी उसी के पास निकली मगर उसने वापस जाने से साफ इंकार कर दिया।

तीन-चार महीने बाद शेख नाज़िम अली साहब के एक बूढ़े नौकर ने दुलारी को शहर के ऐसे मोहल्ले में देखा, जहाँ गरीब रंडियों का बसेरा था। बुड्ढा बेचारा बचपन से दुलारी को जानता था। वह उसके पास गया और घण्टों दुलारी को समझाया कि वापस चले। वह राजी हो गई। बुड्ढा समझता था कि उसे इनाम मिलेगा और यह लड़की मुसीबत से बचेगी।

दुलारी की वापसी ने सारे घर में खलबली डाल दी। वह गर्दन झुकाए, सिर से पैर तक एक सफेद चादर ओढ़े, परेशान सूरत, अंदर दाखिल हुई और दालान के कोने में जाकर जमीन पर बैठ गई। पहले तो नौकरानियाँ आईं। वो दूर से खड़े होकर उसे देखतीं और अफसोस करके चली जातीं। इतने में नाज़िम अली साहब जनाने तशरीफ लाए। उन्हें जब मालूम हुआ कि दुलारी वापस आ गई है तो वह बाहर निकले, जहाँ दुलारी बैठी थी। वह काम-काजी आदमी थे, घर के मामलों में बहुत कम हिस्सा लेते थे। उन्हें भला इन जरा-जरा सी बातों की कहाँ फुर्सत थी। दुलारी को दूर से पुकारकर कहा, "बेवकूफ, अब ऐसी हरकत मत करना" और यह फरमा कर अपने काम पर चले गए। इसके बाद छोटी साहबजादी दबे कदम अंदर से बाहर आईं और दुलारी के पास पहुँचीं, मगर बहुत करीब नहीं। इस वक्त वहाँ कोई और न था। वह दुलारी के साथ खेली हुई थीं। दुलारी के भागने का उन्हें बहुत अफसोस था। शरीफ, पवित्र बाइस्मत हसीना बेगम को उस गरीब बेचारी पर बहुत तरस आ रहा था। मगर उनकी समझ में न आता था कि कोई लड़की कैसे ऐसे घर का सहारा छोड़कर जहाँ उसकी सारी ज़िंदगी बसर हुई हो, बाहर कदम तक रख सकती है। और फिर नतीजा क्या हुआ? इस्मत फरोशी (देह व्यापार), गुर्बत जिल्लत। यह सच है कि वह लौंडी थी, मगर भागने से उसकी हालत बेहतर कैसे हुई? दुलारी गर्दन झुकाए बैठी थी। हसीना बेगम ने सोचा कि वह अपने किए पर शर्मिंदा है। उस घर से भागना, जिसमें वह पली, एहसान फरामोशी थी। मगर उसकी इसे खूब सजा मिल गई। खुदा भी गुनहगारों की तौबा कुबूल कर लेता है। गो कि उसकी आबरू खाक में मिल गई। मगर एक लौंडी के लिए यह उतनी अहम चीज नहीं थी जितनी कि शरीफजादी के लिए। किसी नौकर से उसकी शादी कर दी जाएगी। सब फिर से ठीक हो जाएगा। उन्होंने आहिस्ता से नर्म लहजे में कहा, "दुलारी, यह तूने क्या किया?" दुलारी ने गर्दन उठाई, डबडबाई आँखों से एक पल के लिए अपने बचपन की हमजोली को देखा और फिर उस तरफ से सिर झुका लिया।

हसीना बेगम वापस जा रही थीं कि खुद बेगम साहब आ गईं। उनके चेहरे

पर जीत की मुस्कराहट थी। वह दुलारी के एकदम पास आकर खड़ी हो गईं। दुलारी उसी तरह चुप, गर्दन झुकाए बैठी रही।

बेगम साहब ने उसे डाँटना शुरू किया, "बेहया, आखिर जहाँ से गई थी, वहीं वापस आई न, मगर मुँह काला करके। सारा ज़माना तुझ पर थू-थू करता है। बुरे काम का यही अंजाम।"

लेकिन बावजूद इन सब बातों के बेगम साहब उसके लौट आने से खुश थीं। जब से दुलारी भागी थी, घर का काम उतनी अच्छी तरह नहीं होता था।

इस लानत-मलामत का तमाशा देखने सब घर वाले बेगम साहब और दुलारी के चारों तरफ खड़े हो गए थे। एक गन्दी नाचीज हस्ती को इस तरह जलील होता देख कर सबके सब अपनी बड़ाई और बेहतरी महसूस कर रहे थे। मुर्दाखाने वाले गिद्ध भला कब समझते हैं कि जिस लाचार जिस्म पर वह अपनी नुकीली चोंचें मारते हैं, बेजान होने के बावजूद भी उनके ऐसे ज़िंदों से बेहतर है।

यकायक बगल के कमरे से काज़िम अपनी खूबसूरत दुल्हन के साथ निकले और अपनी माँ की तरफ बढ़े। उन्होंने दुलारी पर नज़र नहीं डाली। उनके चेहरे पर गुस्सा साफ नज़र आ रहा था। उन्होंने अपनी माँ से तीखे लहज़े में कहा, "अम्मी, खुदा के लिए इस बदनसीब को अकेली छोड़ दीजिए। यह काफी सजा पा चुकी है। आप देखती नहीं कि उसकी हालत क्या हो रही है।

लड़की इस आवाज़ को सुनने की ताब न ला सकी। उसकी आँखों के सामने वे सारे मंजर घूम गए जब वह और काज़िम रातों की तनहाई में यकजाँ होते थे। जब उसके कान प्यार के लफ़्ज सुनने के आदी थे। काज़िम की शादी उसके सीने में नश्तर चुभाती थी। इसी चुभन और इसी बेदिली ने उसे कहाँ से कहाँ पहुँचा दिया और अब यह हालत है कि वह भी यों बातें करने लगे। इस रूहानी कोफ़्त ने दुलारी को उस वक्त नारी स्वाभिमान की मूर्ति बना दिया। वह उठ खड़ी हुई और उसने सारे गिरोह पर एक ऐसी नज़र डाली कि एक-एक करके सबने हटना शुरू किया मगर यह एक जख्मी कटे परों वाली चिड़िया की उड़ान की आखिरी कोशिश थी। उस दिन रात को वह फिर ग़ायब हो गई।

मास्को में तीन

❑ सज्जाद ज़हीर

यह कैसी अजीब रौशनी है
उजली नीलाहट, साफ़ और ठंडी
मध्यम मुलायम सोते बच्चे के गाल।
बड़ी सर्दी है
चारों ओर छतें, सतहें
बिन पत्ते पेड़ों की डालें,
कोने-कोने
दूधिया चमेली, सेहरों से ढँके हैं,
रात बहुत ही बीत गई है
यह शहर, इंक़लाब का मर्कज़
साकित है, चुप है
बिजली के खंभे सर न्योढ़ाए
सूने रस्ते देख रहे हैं,
इधर-उधर, इक्का-दुक्का,
कहीं-कहीं काले धब्बे सफ़ेद बर्फ़ पर
चलते हुए नज़र आते हैं
इन्सान है ये :
वो जिनको पल भर चैन नहीं मिलता
वो जिनके अंग-अंग
जलते हैं, मुहब्बत की गर्मी से,

या काम की जिनको धुन है
या जो नफ़रत की भट्ठी में जलते हैं
या फिर दिन भर थककर,
देर-देर तक हम जि-सों के साथ बैठकर
रात को अमृत पीते हैं
और सुनहरे सपनों से
बेचैन दिलों को बहलाते हैं
ये तीन मगर चुप हैं
ये रूसी, जापानी, हिंदुस्तानी दोस्त
न जाने कौन-सी किस्मत
कौन-सी दिल की अनजानी धड़कन
रूह की तड़पन
चुभन न जाने किस काँटे की
इस बर्फ़ीली रात में
इनको
इतना पास ले आई है,
यह वह सड़क है जिस पर लेनिन चलता था,
यहीं पास क्रेमिलिन है,
जिसके पत्थर गूँज रहे हैं
आज भी उन जाँबाज़ों के क़दम की आहट से,
जिन्होंने मज़दूरों का झंडा
अपना सुर्ख़ ख़ून बहाकर
गाड़ दिया था इस धरती पर
आज उसी झंडे को लेकर देहली, कलकत्ते में हम
जीने का हक़ माँग रहे हैं
अपने देश को न्यारा, अच्छा, सुंदर–
सबसे प्यारा देश बना देना का
टोक्यो के लेखक, विद्यार्थी, जापान की जनता,
पूछ रहे हैं :
"क्या कल हमको दुनिया
एक बार फिर
वही जहन्नुम तोहफ़ा भेंट करेगी
जिससे जानें, बाग़–फूल बचे ही नहीं
एक बारगी भक से जल उठे,

बल्कि जिसने रूहों में भी,
आशा दीपक एक झटके से बुझा दिए थे''
मगर वहाँ पर कौन खड़ा है,
तना हुआ, मगरूर
सर ऊँचा और निगाहें दूर
इतनी सर्दी में भी
नंगे सिर,
बटन कोट के खुले हुए
हम रुक जाते हैं,
हम तीनों, रूसी, जापानी, हिंदुस्तानी
मायकोवस्की!
इतनी रात गए
इस तरह और कौन घूमेगा
''तुम हमसे मिलने निकल पड़े हो?
हाँ-हाँ मैं देहली से आया हूँ
और यह टोक्यो से,
मगर तुम हमसे कल मिल सकते थे,
पेकिंग होटल में
राइटर्स यूनियन में
या 'वोरिस पालीवाय' के घर पर,
यह तो पागलपन है,
मौत को दावत देना है,
सिफ़र से जब पच्चीस डिग्री टेम्प्रेचर नीचे हो
इस तरह घूमना।''
मगर मायकोवस्की हँसता है,
हमसे कहता है,
''मैं बड़ी देर से देख रहा था
तुम बहुत दुःखी हो
रंजीदा
तुम 'ज़हीर' न जाने क्यों गुमसुम, मग़मूम
परेशान,
और 'यूशीहूता'
मुस्कराते भी हो/तो अलमनाकी से,
लेकिन मेरे भाई, मेरे प्यारे

मेरे अच्छे मेहमानो!
मेरी सुनो!
और इस प्यारी रूसी लड़की के साथ
इन सड़कों पर नाचो।
वोदका पियो और आरमीनिया की कुइनाक
तुम्हें ख़बर नहीं क्या
हम कम्युनिज़्म बना रहे हैं,
इस धरती के इंसानों को इतना ऊँचा फेंक रहे हैं,
जितना 'गागरिन' और 'तीतोव' गए थे,
हाँ-हॉ यह काम बहुत मुश्किल है,
और अमरीकी कहते हैं,
हम हरगिज़ इसको करने न देंगे,
वोह हमको धमकाते हैं,
लेकिन ज़ार तो यही कहता था,
और चर्चिल।
मेरे दोस्तो!
हम यह सब कुछ करके रहेंगे
अमन, मुहब्बत, गीत,
यहाँ भी,
हिंदुस्तान, जापान में छापेंगे
हम बदलेंगे, तुम बदलोगे, सारी दुनिया बदलेगी
आओ मेरे हाथ में हाथ दो,
मास्को की धरती पर नाचो।"

(सज्जाद ज़हीर की नस्रीनज़्मों (गद्यकविता) के संकलन 'पिघला नीलम' से)

लिप्यांतर–शकील सिद्दीक़ी

प्रेमचंद के पत्र सज्जाद ज़हीर के नाम

(1)

बनारस
15 मार्च 1936

डियर सज्जाद ज़हीर,

तुम्हारा 4 तारीख का खत मिला। मैं देहली गया हुआ था।[1] 11 को लौटा हूँ। तब ये खत देखा। हमने देहली में एक हिंदुस्तानी सभा[2] कायम की है जिसमें उर्दू और हिंदी के अहले अदब बाहम तबादलए-ख़यालात (विचारों का परस्पर आदान-प्रदान) कर सकें। सियासी रहबरों ने जो काम खराब कर दिया है उसे अदीबों को पूरा करना पड़ेगा, अगर सही किस्म के अदीब पैदा हो जायँ। किसी तरह आपस की यह मुनाफिरत (घृणा) तो नापैद हो। अलीगढ़ के डा. अलीम साहब[3] भी तशरीफ रखते थे। उनकी 'तजबीज' थी कि तरक्की पसंद मुसन्निफ़ीन की अंजुमन (प्रगतिशील लेखक संघ) को हिंदुस्तानी सभा में या इसको उसमें शामिल कर दिया जाए। लेकिन अकसर लोग इस ख्याल से मुत्तफिक न हो सके। खैर हिंदुस्तानी सभा कायम हुई है और उर्दू-हिंदी के मुसन्निफीन में कुछ बदगुमानी का इज़ाला हो जाए, तो कोशिश नाकाम न रहेगी।

आपने लखनऊ में अंजुमन की शाख कायम करने की कोशिश की है। बहोत बेहतर। लखनऊ है तो एक खास किस्म के अदीबों का अड्डा। लेकिन खैर। कोशिश करना हमारा काम है। पहले हम खुद तो वाजेह तौर पर समझ लें कि हम लिट्रेचर को किस तरफ ले जाना चाहते हैं, तभी हम दूसरों को रास्ता दिखा सकते हैं। जब हमें तबलीग करना है तो उसके लिए असलहे (शस्त्र) से मुसल्लेह (सशस्त्र) होना पड़ेगा।

मेरी सदारत की बात। मैं इसका अहल नहीं। इज्ज (विनय) से नहीं कहता।

मैं अपने में कमजोरी पाता हूँ। मिस्टर कन्हैयालाल मुंशी[4] मुझ से बहोत बेहतर होंगे। या डा. जाकिर हुसैन[5]। पंडित जवाहरलाल तो बहोत मसरूफ होंगे वरना वो निहायत मौजूं (उपयुक्त) होते। इस मौके पर सभी सियासियात के नशे में होंगे। अदबियात से शायद ही किसी को दिलचस्पी हो लेकिन हमें तो कुछ न कुछ करना है। अगर मिस्टर जवाहरलाल ने कुछ दिलचस्पी का इजहार किया, तो जलसा कामयाब होगा।

मेरे पास इस वक्त भी सदारत के दो पैगाम हैं। एक लाहौर के हिंदी सम्मेलन का।[6] दूसरा हैदराबाद दकन के हिंदी प्रचार सभा का।[7] मैं इंकार कर रहा हूँ। लेकिन वो लोग इसरार कर रहे हैं। कहाँ-कहाँ प्रेसाइड करूँगा। अगर हमारी अंजुमन में कोई बाहर का आदमी सद्र हो तो ज़्यादा मौजू है। मजबूरी दरजे मैं तो हूँ ही। कुछ रो गा लूँगा।

और क्या लिखूँ तुम जरा पंड़ित अमरनाथ झा[8] को तो आज़माओ उन्हें उर्दू अदब से दिलचस्पी है और शायद वो सदारत मंजूर कर लें।

मुखलिस
प्रेमचंद

ये खत लिख चुकने के बाद मुझे खयाल आया, ऐसी सोसाइटी के लिए बहोत सी शाखों की क्या जरूरत। वो तो एक मरकजी अंजुमन (केंद्रीय परिषद्) होनी चाहिए, बजिंसहू (ठीक) उसी तरह जैसे हिंदुस्तानी एकाडेमी।[9] ज्यादा से ज्यादा प्राविशियल शाखें खोली जा सकती हैं ताकि दूसरी हिंदुस्तानी जबानों के अदीब शरीक हों। उर्दू के लिए तो लखनऊ या इलाहाबाद। हिंदी के लिए भी इन दोनों में से कोई शहर। अगर हिंदी और उर्दू के लिए एक ही मुलहेदा (संयुक्त) एसोसिएशन हो, तो और भी बेहतर।

संदर्भ

1. प्रेमचंद हिंदुस्तानी सभा के प्रथम अधिवेशन का उद्घाटन करने हेतु दिल्ली गए थे।
2. 'दिल्ली की हिंदुस्तानी सभा' प्रेमचंद के शब्दों में 'मेरे और जैनेंद्र के सलाह-मशविरे का नतीजा थी।' (चिट्ठी पत्री, भाग 2, पृ. 92, पत्र सं. 79) सभा का प्रथम अधिवेशन 8 मार्च, 1936 को दिल्ली में जामेआ मिल्लिया में हुआ था जिसका उद्घाटन स्वयं प्रेमचंद ने किया था। (विस्तार के लिए देखिए, विविध प्रसंग,

भाग 3, पृ. 318-319)।

3. डा. अब्दुल अलीम की गणना प्रगतिशील लेखक संघ के एक महत्त्वपूर्ण स्तंभ के रूप में की जाती है। वे 1936 के प्रारंभ में अलीगढ़ मुस्लिम विश्वविद्यालय में अरबी के प्रवक्ता थे। बीच में लखनऊ चले गए थे और फिर अलीगढ़ में अरबी के प्रोफेसर एवं अध्यक्ष तथा उपकुलपति रहे। उर्दू, हिंदी, हिंदुस्तानी पर प्रकाशित उनके विचार आज भी आदर की दृष्टि से देखे जाते हैं।
4. कन्हैयालाल माणिक लाल मुंशी उन दिनों मंत्री गृहमंत्रालय बंबई प्रांत थे। हिंदी से विशेष प्रेम था। यद्यपि उन्हें हिंदी आती नहीं थी। प्रेमचंद ने उनके संबंध में लिखा है—मंत्री जी हिंदी नहीं जानते, मगर हिंदी के भक्त अवश्य हैं। (चिट्ठी-पत्री-2, पृ. 242) वे 'हंस' के संयुक्त संपादक भी थे।
5. डॉ. जाकिर हुसैन 1936 में जामेआ मिल्लिया दिल्ली के प्रिंसिपल थे। जीवन के अंतिम काल में वे भारत के राष्ट्रपति थे।
6. प्रेमचंद को दस अप्रैल 1936 ई. को लखनऊ में प्रगतिशील लेखक संघ की सदारत करना था और वहाँ से उन्हें सीधे लाहौर के लिए प्रस्थान करना था। वहाँ 11 अप्रैल को आर्यभाषा सम्मेलन होना था जिसके सभापतित्व का उन्हें निमंत्रण दिया गया था। यह सम्मेलन आर्यसमाज की जुबली के साथ ही आयोजित किया गया था। यहाँ हिंदी सम्मेलन से अभिप्राय आर्यभाषा सम्मेलन से है जिसकी सदारत प्रेमचंद ने की थी। (इस प्रसंग में देखिए, चिट्ठी-पत्री-1, पृ. 277)
7. इस पत्र के अतिरिक्त कोई अन्य प्रमाण नहीं मिलता कि प्रेमचंद को हैदराबाद में सभापतित्व के लिए निमंत्रित किया गया था।
8. पं. अमरनाथ झा इलाहाबाद विश्वविद्यालय में अंग्रेजी के प्रोफेसर थे।
9. हिंदुस्तानी एकेडेमी, इलाहाबाद।

(2)

बनारस

18 मार्च 1936

बेरादरम,

मेरा खत पहुँच गया होगा। इसलिए मैंने आपके तार का जवाब न दिया। रात मिस्टर कन्हैया लाल मुंशी का एक तार आया है कि 4 अप्रैल को वर्धा में आल इंडिया लिटरेरी कान्फ्रेंस हो रही है।[1] महात्मा जी इस तारीख को वर्धा में होंगे और

उनके आरजी (अस्थायी) कयाम का फायदा उठाकर फिर तारीख मुकर्रर की गई है। मेरा शरीक होना जरूरी है। इसलिए मैं तो लखनऊ आ भी न सकूँगा। मेरा खयाल है कि अभी हमें किसी जलसे की फिक्र न करना चाहिए। कुछ दिन खामोशी से काम करने के बाद जलसे का इहतमाम किया जाएगा। अभी तो गिने-गिनाए अहबाब जमा होंगे और हमारा मंशा फौत हो जाएगा।

मुखलिस
प्रेमचंद

संदर्भ

1. भारतीय साहित्य परिषद् का अखिल भारतीय साहित्यिक सम्मेलन 3-4 अप्रैल 1936 को वर्धा में होने वाला था। प्रेमचंद ने इसकी सूचना बनारसी दास चतुर्वेदी को भी दी थी (चिट्ठी-पत्री, भाग-2, पृ. 94) यहाँ उसी का चर्चा है।

(3)

बनारस
19 मार्च सन् 36

डियर सज्जाद ज़हीर,

तुम्हारा ख़त अभी मिला। मैं तुम्हें एक ख़त शायद कल लिख चुका हूँ जिसमें मैंने वर्धा में होने वाली आल इंडिया कान्फ्रेंस का जिक्र किया है जो 4 अप्रैल को होने वाली है। वहाँ से मुझको लखनऊ आना है क्योंकि पं. जवाहरलाल की तकरीर का जो तर्जुमा होगा उसके लिए ऐसी ज़बान की जरूरत है जो कामन लेंगुएज हो। अगर हमारे लिए कोई लायक सद्र नहीं मिल रहा है तो मुझी को रख लीजिए। मुश्किल यही है कि मुझे एक पूरी तकरीर लिखनी पड़ेगी। हाँ, अब मुझे जो एतराज मुकामी कमेटियों के मुतअल्लिक था, वो दूर हो गया। बेशक मुकामी कमेटियों के मुस्तकिल और जिंदा दिलचस्पी कायम रहेगी। देहली की हिंदुस्तानी सभा का मकसद सिर्फ इत्तेहाद और एक 'मुश्तरक जबान' (मिलीजुली भाषा) की तहरीक को कायम रखना है।[1] हमारा मकसद वसीअतर (अत्यधिक व्यापक) है। मेरी तकरीर में आप किन मसाएल पर बहस चाहते हैं, उसका इशारा तो कीजिए। मैं तो डरता हूँ मेरी तकरीर जरूरत से ज्यादा दिलशिकन न हो। आज ही लिख दो ताकि मैं वर्धा जाने के कब्ल उसे तैयार कर लूँ। वर्धा से आने पर पंडित जी की तकरीर के तरजुमे में मशरूफ हो जाऊँगा और तकरीर लिखने का मौका न मिलेगा। मिस्टर अहमद अली ने जो एक

मजमून पढ़ा था उसकी नकल या अस्ल भी भेजना[2] और उनसे भी तकरीर के मौजूआत पर राय लेना। बस्सलाम।

मुखलिस
प्रेमचंद

संदर्भ

1. प्रेमचंद उर्दू-हिंदी के साहित्यकारों को एक-दूसरे के निकट लाने के सशक्त पक्षपाती थे। उन्होंने बनारसीदास को लिखा था—उर्दू के पास निस्संदेह, एक सांस्कृतिक परंपरा है, और उनके संपर्क में आने पर हमको अपनी कमजोरियाँ मालूम होती हैं। (चिट्ठी-पत्री, भाग-2, पृ. 95-96)। हिंदुस्तानी सभा के प्रसंग में बनारसीदास के नाम लिखे गए इस पत्र में विस्तृत जानकारी मिलती है।
2. प्रगतिशील लेखक संघ के पहले अधिवेशन में अहमद अली ने प्रगतिशील साहित्य पर अंग्रेजी में निबंध पढ़ा था जिसमें नए साहित्यिक आंदोलन के सिद्धांत और उद्देश्य बताए गए थे। यहाँ उसी की चर्चा की गई है। यह लेख उर्दू त्रैमासिक के जुलाई 1936 के अंक में 'आर्ट का तरक्की पसंद नजरिया' शीर्षक से प्रकाशित हुआ था।

(4)

बनारस
26 मार्च सन् 36

डियर सज्जाद ज़हीर,

खत और खुतबा[1] दोनों मिल गए। मशकूर हूँ। मैं अब वर्धा नहीं जा रहा हूँ क्योंकि आल इंडिया अदबी कान्फ्रेंस जो वहाँ 3-4 अप्रैल को होने जा रही थी अब मुल्तवी हो गई है।[2] इसलिए मैं सदारत के लिए इंकार की जरूरत नहीं देखता। आप इसका ऐलान कर सकते हैं। मेरा खुतबा (व्याख्यान) मुख्तसर (संक्षिप्त) होगा। मगर मैं शायद इतनी जल्द न लिख सकूँ कि उसे शाया किया जा सके। इसकी जरूरत भी क्या है। पढ़ने के बाद शाया कर दिया जाएगा।

मुखलिस
प्रेमचंद

संदर्भ

1. प्रेमचंद ने सज्जाद ज़हीर से अपने अध्यक्षीय भाषण हेतु रूपरेखा माँगी थी जिसे संभवतः सज्जाद ज़हीर ने लिखकर भेजा था। यहाँ उसी की प्राप्ति सूचना दी गई है।
2. भारतीय साहित्य परिषद् का सम्मेलन नागपुर सम्मेलन के लिए स्थगित कर दिया गया था जिसकी सूचना प्रेमचंद ने बनारसीदास को भी दी थी (चिट्ठी-पत्री, भाग-2, पृ. 95)।

(5)

हंस कार्यालय, बनारस
17 अप्रैल सन् 36

डियर सज्जाद ज़हीर,

लाहौर से आज ही पलटा हूँ।[1] तुम जानते होगे कि हम लोग 24-25 अप्रैल को महात्मा जी की अध्यक्षता में नागपुर में एक अखिल भारतीय साहित्यिक अधिवेशन[2] करने वाले हैं। उर्दू के लेखक भी आमंत्रित किए गए हैं, किंतु मुझे उनके आने का कुछ अधिक विश्वास नहीं है। मैंने मौलाना अब्दुल हक[3] साहब से नागपुर आने का व्यक्तिगत रूप से निवेदन किया है, किंतु मुझे संदेह है कि लाहौर की यात्रा के बाद (मैं उनसे लाहौर में मिला था) वे नागपुर पहुँचने का कष्ट उठाएँगे।

क्या तुम 23 अप्रैल को मेरे साथ नागपुर चल सकते हो? भाई इनकार न करना। इससे हमारे उद्देश्य का भी थोड़ा बहुत प्रचार हो जाएगा। पी.ई.एन.[4] का एक पत्र भेज रहा हूँ। मदाम सोफिया जावाड़िया[5] लखनऊ अधिवेशन की एक रिपोर्ट चाहती हैं। कृपया उन्हें भेज दो। वह एक धार्मिक महिला हैं। मैं भी उन्हें उत्तर लिख रहा हूँ।

रिपोर्ट उनके पास अवश्य भेज दो उसे वे अपनी मासिक पत्रिका पी.ई.एन. में छापेंगी। उत्तर की प्रतीक्षा रहेगी।

तुम्हारा
प्रेमचंद

संदर्भ

1. प्रेमचंद ने यह सूचना ठीक नहीं दी है। वे 13 अप्रैल 1936 को ही बनारस पहुँच गए थे। (देखिए, चिट्ठी-पत्री, भाग 1, पृ. 218)।
2. यह अधिवेशन भारतीय साहित्य परिषद् की ओर से आयोजित किया गया था जिसका शुभारंभ 24 अप्रैल 1936 को प्रातः 9 बजे महत्मा गाँधी की अध्यक्षता में नागपुर विश्वविद्यालय के कानवोकेशन हाल में हुआ था। इसमें सम्मिलित होने वालों में पं. जवाहरलाल, बाबू राजेंद्र प्रसाद, सरदार पटेल, मुंशी प्रेमचंद, मौलाना अब्दुल हक, काका कालेलकर, प्रोफेसर मुहम्मद आकिल, जैनेंद्र, के. एम. मुंशी तथा प्रो. मुहीउद्दीन कादरी के नाम विशेष उल्लेख्य हैं।
3. मौलाना अब्दुल हक, अंजुमन तरक्की उर्दू के प्रधानमंत्री एवं उर्दू त्रैमासिक के संपादक थे। प्रेमचंद उनका अत्यधिक सम्मान करते थे। उर्दू-हिंदी के प्रश्न को लेकर दोनों महानुभावों में महत्त्वपूर्ण पहलुओं पर पर्याप्त वैचारिक आदान-प्रदान हुआ था।

4-5. पी.ई.एन. क्लब वस्तुतः पोएट्स, एसेइस्ट्स एंड नोवेलिस्ट्स का एक अंतर्राष्ट्रीय संगठन था जिसकी भारतीय शाखा पी.ई.एन. मासिक में अधिवेशनों की रिपोर्ट एवं अन्य साहित्यिक गतिविधियों की चर्चा प्रकाशित करती थी। 1936 में मदाम जावाड़िया उसका संपादन कर रही थीं। इस पत्रिका की फाइलें देखने को नहीं मिलीं।

(6)

बनारस
10 मई सन् 1936 ई.

डियर सज्जाद ज़हीर,

तुम्हारा खत मिला। मैं एक दिन के लिए जरा गोरखपुर चला गया था और वहाँ देर हो गई। मैंने यहाँ एक ब्रांच कायम करने की कोशिश की है। तुम उसके मुतअल्लिक (प्रगतिशील आंदोलन संबंधी) जितना लिट्रेचर हो वो सब भेज दो, तो मैं यहाँ के लेखकों को एक दिन जमा करके बातचीत करूँ। बनारस कदासतपरस्ती (रूढ़िवादिता) का अड्डा है और हमें शायद मुखालेफत का भी सामना करना पड़े। लेकिन दो-चार भले आदमी तो मिल ही जाएँगे जो हमारे साथ इश्तेराक (सहयोग) कर सकें। अगर मेरी स्पीच की एक उर्दू कॉपी भी भेज दो और उसका तर्जुमा अंग्रेजी में हो गया हो और छप भी गया हो तो उसकी चंद कॉपियाँ और मैनिफेस्टो (ज्ञापन

पत्र) की चंद कॉपियाँ और मेम्बरी के फार्म की चंद परतें और लखनऊ कान्फ्रेंस की कार्रवाई की रिपोर्ट वगैरह—तो मुझे यकीन है कि यहाँ शाखा खुल जाएगी। फिर मैं पटना भी जाऊँगा और वहाँ भी एक शाखा कायम करने की कोशिश करूँगा। आज बाबू संपूर्णानंद से इसी के मुतअल्लिक कुछ बातें हुईं। वो भी मुझी को आगे करना चाहते हैं। मैं चाहता था कि वो पेश कदमी करते, मगर शायद उन्हें मसरूफियतें बहोत हैं। बाबू जयप्रकाश नरायन से भी बातें हुईं उन्होंने प्रोग्रेसिव अदबी हफतेवार (साप्ताहिक) हिंदी में शाया करने की सलाह दी जिसकी उन्होंने काफी जरूरत बताई। जरूरत तो मैं भी समझता हूँ, लेकिन सवाल पैसे का है। अगर हम कई शाखें हिंदी वालों की कायम कर लें, तो मुमकिन है माहवार या हफ्तेवार अखबार चल सके। अंग्रेजी मैगजीन का मसअला भी सामने है ही। मैं समझता हूँ हर एक जबान में एक प्रोग्रेसिव परचा चल सकता है। ज़रा मुस्तइदी (लगन) की जरूरत है। मैं तो यूँ भी बुरी तरह फँसा हुआ हूँ। फिक्रे-मआश (रोजी की चिंता) भी करनी पड़ती है और फुजूल का बहोत सा लिट्रेरी काम भी करना पड़ता है। अगर हम में से कोई होल टाइम काम करने वाला निकल आए तो ये मरहला बड़ी आसानी से तै हो जाए। तुम्हें भी कानून ने गिरफ्त कर रखा है—खैर इन हालात में जो कुछ मुमकिन है वही किया जा सकता है।

तुम्हारा बीमार तो मुझे अभी तक नहीं मिला। मिस्टर अहमद अली साहब क्या इलाहाबाद में हैं? उन्हें दो माह की छुट्टी है। वो अगर पहाड़ जाने की धुन में न हों, तो कई शहरों में दौरे कर सकते हैं और आगे के लिए उन्हें तैयार कर सकते हैं। बीमार अभी तक न भेजा हो, तो अब भेज दो।

ये खबर बहोत मसर्रतनाक (प्रसन्नताजनक) है के बंगाल और महाराष्ट्र में कुछ लोग तैयार हैं। हाँ वहाँ सूबेजाती (प्रांतीय) कान्फ्रेंस हो जाए तो, अच्छा ही है और अगला जलसा पूना में ही होना चाहिए, क्योंकि दूसरे मौके पर राइटरों का पहोंचना मुश्किल हो जाता है। फाकामस्तों की जमाअत जो ठहरी। वहाँ तो एक पंथ दो काज हो जाएगा।

हिंदी वाले इनफीरियारिटी कांप्लेक्स (हीन ग्रंथि) से मजबूर है। मगर गालेबन यह खयाल तो नहीं है कि ये तहरीक उर्दू वालों ने उन्हें फँसाने के लिए की हैं अभी तक उनकी समझ में इसका मतलब ही नहीं आया है। जब तक उन्हें जमा करके समझाया न जाएगा, यूँ ही तारीकी में पड़े रहेंगे। एक नौजवान हिंदी एडीटर ने जो देहली के एक सिनेमा अखबार के एडीटर हैं हमारे जलसे पर यह एतराज किया है के इस जलसे की सदारत, तो किसी नौजवान को करनी चाहिए थी, प्रेमचंद जैसे बूढ़े आदमी इसके सद्र क्यों हुए? उस अहमक को यह मालूम नहीं के यहाँ वहीं जवान है जिसमें प्रोग्रेसिव रूह हो। जिसमें ऐसी रूह नहीं वो जवान होकर भी मुर्दा है।

नागपुर में मौलवी अब्दुल हक साहब भी तशरीफ लाए थे उनसे दो रोज खूब बातें हुईं। मौलाना इस सिनीसाल में बड़े जिंदा दिल बुजुर्ग हैं।

क्या बताऊँ, मैं ज्यादा वक्त निकाल सकता, तो कानपुर क्या हर एक शहर में अपनी शाखें कायम कर देता। मगर यहाँ तो प्रूफ और खतूत नवीसी (चिट्ठी लिखने) से ही फुरसत नहीं मिलती।

हाँ चोरी हुई मगर तशफ्फी (धैर्य) इस खयाल से करने की कोशिश कर रहा हूँ के मुझे एक हजार रुपया अपने पास रखने का क्या हक था।

मुखलिस
प्रेमचंद

जेल से लिखे गए रज़िया सज्जाद ज़हीर के नाम सज्जाद ज़हीर के पत्र

(सज्जाद ज़हीर के व्यक्तित्व के अनेक आयाम थे। कथाकार, कवि, लेखक, पत्रकार, अनुवादक, नाटककार, संगठनकर्त्ता और आंदोलनकर्मी, इन सबके अलावा एक समर्पित राजनीतिक कार्यकर्त्ता तथा नेता के रूप में वह अलग से पहचाने जाते हैं। राष्ट्रीय आंदोलन के वह सक्रिय सहयोगी थे। लंदन की कम्युनिस्ट पार्टी से शुरू हुई उनकी राजनीतिक यात्रा भारत वापसी के बाद कांग्रेस से होती हुई भारतीय कम्युनिस्ट पार्टी तक पहुँची थी। इस रूप में अवामपरस्त गतिशीलता तथा सक्रिय भूमिका के कारण ही उन्हें हिंदुस्तान व पाकिस्तान दोनों देशों में लंबे कारावासों से गुजरना पड़ा। पहली बार द्वितीय विश्व युद्ध के दौरान संभवतः दिसंबर 1939 में वह गिरफ्तार हुए। उन्हें लखनऊ के सेंट्रल जेल में रखा गया। पाकिस्तान में उन्हें 'रावलपिंडी साजिश केस' के तहत 1951 में गिरफ्तार किया गया। वह वहाँ कई जेलों में रहे। कारावास के दौरान वह पत्रों के द्वारा अपनी पत्नी रज़िया सज्जाद ज़हीर से निरंतर संपर्क बनाए रहे। ये पत्र उनके परिवार के लिए निजी महत्त्व के हो सकते हैं। पर इनका विशिष्ट साहित्यिक मूल्य है। ये पत्र प्रगतिशील लेखन और आंदोलन के प्रति उनकी चिंताओं का साफ संकेत लिए हुए हैं। ये पत्र उनके आशावादी दृष्टिकोण, वैचारिक दृढ़ता तथा गहरे आत्म संघर्ष का भी दस्तावेज हैं।)

सेंट्रल जेल, लखनऊ, 16 मार्च, 1940

खत लिखना बहुत मुश्किल होता है। समझ में नहीं आता क्या लिखूँ क्योंकि अब

जब तन्हाई है, बस तुम्हारा ही ख़्याल हरदम आता है, यह छोटी-सी कोठरी जिसमें इस वक़्त बंद हूँ। शाम के सात बजे हैं और हम लोग साढ़े पाँच बजे ताले में डाल दिए जाते हैं। बिल्कुल ख्याली मालूम होती है। यक़ीन नहीं होता कि इसमें बंद हूँ और इस वजह से तुम तक पहुँच नहीं सकता, बस एक अहसास है, एक असलियत है और एक हक़ीक़त और वह यह कि एक-दूसरे से जुदा हैं, दूर हैं, मजबूर हैं और पास नहीं हो सकते। इस वक़्त बड़ी खुशगवार हवा चल रही है और मैं गर्दन खिड़की तक मोड़ता हूँ तो आसमान पर वह सितारा चमकता हुआ नज़र आता है जो मैंने एक दफ़ा तुम्हें इलाहाबाद में जमुना के किनारे पर दिखाया था। याद है—गालिबन ज़ोहरा—खूब चमकता हुआ। (या खूब चमकती हुई) अभी थोड़ी देर में चाँदनी भी यहाँ से दिखाई देने लगेगी, मगर चाँद दिखाई नहीं देता। अच्छा ही है उससे और कोफ़्त होती है और अकेलेपन का अहसास और तेज़ होता है। तुम्हारी याद, तुम्हारी सूरत, तुम्हारी हँसी की आवाज़, तुम्हारी सब बातें, एक-एक चीज़, हमारे कमरे, वो सुबहें, वो शाम और रातें, ये सब इतनी साफ़ दिल ओ दिमाग़ पर अपनी परछाईं डाल रही हैं कि मैं दुनिया का नहीं बल्कि आलमे ख्याल का बाशिंदा हो गया हूँ। इन सबके साथ एक ऐसा शहीद रूहानी दर्द है जैसे कोई दिल के नाज़ुक तरीन एहसासात को बेदर्दी से मसल दे। इस दर्द का कोई इलाज समझ में न आए और दर्द बढ़ता ही चला जाए।

आज मुझे क़ैद हुए पाँचवाँ दिन है। एक अजीब बात है जो यहीं रहकर मालूम हुई है वह यह कि मुशाहिदे और एहसास की कूबत में बहुत ज्यादा इज़ाफ़ा हो जाता है, सबको होता है या नहीं। मुझे तो मालूम होता है कि मुझमें यह तब्दीली ज़रूर हुई है। इस कोठरी के बाहर का अँधेरा और उसका अँधेरापन, चंद अबाबीलों का इधर-उधर चक्कर काटना, दोपहर में एक फ़ाख़्ता की आवाज़। जेल के बाहर से आस-पास के देहातों से आने वाला होली के गानों और ढोल़ का शोर, मेरे साथी कैदियों की छोटी-छोटी बातें, किसी की हँसी किसी के चेहरे की शिकन वग़ैरा। शायद अकेले होने की वजह से ऐसा हो। लेकिन यह हालत जरूरत से ज्यादा हो तो कितनी उलझन होती है। या शायद यह उलझन इस वजह से होती है कि यहाँ की दुन्या इतनी छोटी है और दिल व दिमाग़ की दुन्या बहुत बड़ी। हरदम एक रूहानी तज़ाद (अंतर्विरोध) कशमकश का आलम तारी रहता है लेकिन यह सब पढ़कर तुम ख्वाम्ख़्वाह परेशान होगी, लेकिन होना मत, क्योंकि शायद यह नया-नया गिरफ्तार होने की वजह से है। अभी तो बस किताबें पढ़ता हूँ। जब कुछ लिखना शुरू करूँगा तो दिल बहल जाएगा। यहाँ कोई इलमी मज़मून या किताब लिखना तो मुश्किल होगा। एक नाविल शुरू करने की फ़िक्र है। बहुत से प्लाट ख़्याल में आ रहे हैं। मगर तबीयत अभी किसी पर जमी नहीं।

अब मेरा प्रोग्राम सुनो। सुबह को साढ़े छै बजे से पहले उठ जाता हूँ। फिर

चाय और अख़बार। साढ़े आठ बजे तक नहा धोकर तैयार। नौ साढ़े नौ बजे तक फिर अख़बार या किसी और किताब की पढ़ाई। इस बीच अगर कोई आया और इजाज़त मिली तो जेल के दर्वाज़े तक गया। फिर साढ़े बारह और एक बजे के दरम्यान जो घर से खाना आता है वह खाया, खाने के बाद इधर-उधर टहला, फिर पलँग पर लेट के कोई अच्छी सी सहल सी किताब पढ़ हिंदी का सबक लिया और ऊँघा या सोया। इतने में साढ़े तीन बज जाते हैं। पौने चार बजे से बैडमिंटन खेलना शुरू किया। एक घंटा खेलने के बाद चाय पी—अब इसके ज़रा देर बाद ही साढ़े पाँच बजे और जेल पर एक वहशत और ख़ामोशी छाई। सब अपनी बारक या कोठरी में बंद। साढ़े पाँच से छै तक फिर कुछ पढ़ता हूँ। इसके बाद आध घंटे से एक घंटे का वक्त बड़ी मुश्किल से कटता है। न रौशनी, न अँधेरा, मच्छर, बेसाख़्ता बाहर निकलने और टहलने का जी चाहता है। लेकिन यहाँ साढ़े सात क़दम से ज़्यादा चहल क़दमी भी नहीं कर सकते।

सात बजे तक अँधेरा अच्छी तरह हो जाता है और फिर से पढ़ाई शुरू कर देता हूँ, इसी वक़्त ही तुम्हें यह ख़त लिख रहा हूँ। आठ बजे खाना (जो दिन को ही आ जाता है निकाल कर मेज़ पर सजा देता हूँ और अकेले में जैसे भी खाते बनता है, खाता हूँ नौ से दस तक फिर पढ़ाई। साढ़े दस बजे तक बिस्तर पर चला जाता हूँ। वहाँ जब भी नींद आए।

25 जनवरी, 1941

मैं आज सुमित्रानंदन पंत (हिंदी के मशहूर शायर) की नई छपी हुई किताब 'ग्राम्या' पढ़ रहा हूँ। उसमें हिंदुस्तान के देहात की जिंदगी के बारे में नज़्में छपी हैं और बाज़ तो बहुत अच्छी हैं।

अब तो ज़रा हिंदी समझ में आने लगी है तो इनमें बड़ा लुत्फ़ आता है। मैंने सोचा है कि जब यह पूरी किताब खतम कर लूँगा तो फिर इनमें से दस-पंद्रह नज़्मों का इंतिख़ाब (चयन) हिंदी से उर्दू नस्र में तर्जुमा करूँगा और तुम्हारे पास भेजूँगा ताकि तुम उर्दू और हिंदी की जदीद तरक्की पसंद शायरी का मुक़ाबला कर सको।

कल 'निगार' का सालाना नम्बर मिला। अबकी उसमें जदीद उर्दू शायरी के मुख़्तसर इंतिख़ाबात हैं। अभी मैंने उसे सरसरी तौर पर देखा है। नियाज़ साहब (संपादक *निगार)* ने इस बात का ख़ास कोशिश की है कि जदीद मज़ामीन पर अश्आर और नज़्में इस इंतेख़ाब में न रखें। जोश और एहसान दानिश के कलाम के इंतेख़ाब से भी डंक निकाल कर उन्हें बेज़रर बना दिया है। 'अदबेलतीफ' की सालाना नंबर अबकी बहुत अच्छा है। तुम्हें मिल सके तो जरूर देखना। बेदी, कृश्न चंदर, मंटो के अफ़साने

बहुत अच्छे हैं और इसके इलावा भी कई अच्छी चीजें हैं। फ़ैज़ अहमद फ़ैज़ लाहौरी की एक मुख़्तसर सी नज़्म बहुत पसंद आयी। अपने हस्बे होने की वजह से तुम्हें तोहफ़ा भेजता हूँ–

बामोदर ख़ामुशी के बोझ से चूर
असमानों से जूए दर्द खाँ
चाँद का दुख भरा फसानाए नूर
शाहराहों की ख़ाक में ग़ल्ताँ
ख़्वाब गाहों में नीम तारी की
मुज़हमिल है खाब हस्ती की
हल्के-हल्के सुरों में नौहा कनाँ

हैदराबाद सिंध, जनवरी, 1952

मुझे यह मालूम करके खुशी हुई कि तुम मेरे महबूब उस्ताद डी.पी. मुखर्जी से मिलीं और वह तुमको बहुत अच्छे लगे। आमतौर पर मेरे साथ के लड़के कहते थे कि वह पढ़ाते कम हैं और इधर-उधर की बातें ज़्यादा करते हैं। मगर मुझे उनकी ये बातें ज़्यादा अच्छी लगती थीं। वह कभी मौसीकी की बात करते, कभी मार्क्स की, कभी पेंटिंग की तो कभी फ़ासिज़्म की, कभी लिट्रेचर की, कभी इक्तिसादियात (अर्थशास्त्र) और इन सबके दरम्यान उनका वसीअइलम और उनकी बड़ी दिलकश किस्म की हुबुलवतनी और इंसानी दोस्ती झलकती थी।

वह हम में इल्म हासिल करने का बेइख्तियार जज़्बा और शौक़ पैदा कर देते थे, फिर यह तो अपनी तौफ़ीक़ और सलाहित पर मुब्नी था कि कौन इस जज़्बा से कितना फ़ायदा उठाता है।

सेंट्रल जेल, हैदराबाद सिंध, 7 फरवरी, 1952

तुमने जगन्नाथ, आज़ाद के मुतअल्लिक मेरी राय पूछी है तो इसका वह हिस्सा जो फ़ैज़ के बारे में है वह तक़रीबन सब का सब फ़ैज़ का है। तुमने पढ़ी है न–

ठहर ए दिल जमाले य-ए-ज़ेबा हम भी देखेंगे

इसका वह बन्द तो काफ़ी मशहूर है–

ज़रा सैक़ल तो हो ले तिश्नगी बादा गुसारों की
उठा रखेंगे कब तक जामो मीना हम भी देखेंगे।
दबा रखेंगे कब तक जोशे सहबा हम भी देखेंगे।

यह नज़्म फ़ैज़ ने नवंबर 1949 में तरक्की पसंद मुसन्निफ़ीन (लेखक) की कुल पाकिस्तान कान्फ्रेंस में पढ़ी थी, शाम को मुशायरा था और मुशायरे पर मुख़ालिफ़ गिरोह के लोगों ने बाकायदा हमला कर दिया था, अंदर मुशायरा हो रहा था। और बाहर लोगों के सर फूट रहे थे, तब फ़ैज़ ने पढ़ा–

चले हैं जान-ओ-ईमाँ आज़माने आज दिल वाले
वह लाएँ लश्कर अग़ियार व अअदा हम भी देखेंगे
वह आएँ तो सरे मक़तल तमाशा हम भी देखेंगे

तब लोगों में इतना जोश आया कि हमलावर भाग खड़े हुए, उन्होंने इसी में अपनी ख़ैरियत समझी। दूसरे दिन सारा लाहौर यह नज़्म गा रहा था। हम भी यहाँ कभी-कभी इसका दिर्द किया करते हैं।

सेंट्रल जेल, हैदराबाद सिंध, 7 मार्च, 1952

मैंने तुम्हारी कहानी 'टीपू' पढ़ी। मुझे तुम्हारा यह स्केच या कहानी बहुत अच्छी लगी। अलबत्ता उसके ख़ात्मे के बारे में मुझे यह महसूस हुआ कि शायद अफ़साने के मोराल को बयान करने के लिए उसकी अफ़सानियत (कहानीपन) को किस क़दर चोट पहुँचाई गयी, क्या बेहतर सूरत यह न होती कि 'टीपू' के मुतअल्लिक जो छोटे-बड़े वाक़यात हैं, बस उनका ही जिक्र करके बात ख़त्म कर दी जाती? ताकि उन्हीं से मतलब व मक़्सद जाहिर हो जाता और तशरीह (व्याख्या) की जरूरत न पड़ती–मेरा यह मतलब नहीं है कि अफ़सानों या ख़ाकों (शब्दचित्र) में हम मक़्सद न रखें या मक़्सद को गोल कर दें। लेकिन आर्ट ज़्यादा मोआस्सिर (प्रभावशाली) उसी सूरत में होता है जबकि हम ज़िंदगी जज़्बात और अहसासात का असली और हक़की नक़्शा यों खींचें कि सच्चाई की तस्वीर आप ही आप उभर आए और पढ़ने वाले के लिए वही नतीजा निकालाना ना गुज़ीर हो जो आर्टिस्ट चाहता है, वह उसी तरह मुतस्सिर हो जो कि आर्टिस्ट का मक़्सद है। यह भी सोचना चाहिए कि आर्टिस्ट जिस बात को कहना चाहता है, उसके मुख़्तलिफ पहलुओं और ख़ारजी व दाख़िली रिश्तों से आर्टिस्ट गहरे तौर पर वाक़िफ नहीं था, उनसे मफाहिमत नहीं रखता तो वह ऊपर बताया गया नतीजा हासिल नहीं कर सकेगा।

सेंट्रल जेल, हैदराबाद सिंध, 25 मार्च, 1952

तुमने 'ताबाँ' का मजमूआ (संकलन) *साज़े लर्जा* जो भेजा था और उस पर जो मैंने तन्कीद की थी, उस तन्कीद का जो सख़्त जवाब तुमने लिखा है, उसे, मैंने और फ़ैज़ ने साथ बैठकर पढ़ा और कई बार इस पर बहस की। हम दोनों इस मसअले पर पहले भी बहस करते रहे हैं। यह बिल्कुल ठीक है तुम्हारा कहना कि दानिश्वरों और अदीबों की अहमियत के मुकाबले में हमारी तरफ़ से बेतवज्जोही बर्ती गयी है और 'सेहइंसानी के मेअम्मारों' की मदद करना तो दरकिनार, बहुत मर्तबा तो उनके साथ वैसा सुलूक भी नहीं किया गया जैसा कुलियों से किया जाता है हम आपने इन मेअम्मारों से जब यह मतलिबा करते हैं कि उनकी तामीरें सहतबख्श, रूहेअफ़जा और हसीन हों, ऐसी हों कि जिनसे ज़िंदगी रोशनतर और ताबनाकतर हो तो फिर जरूर हम पर यह फर्ज़ आयद होता है कि उनके लिए वो तमाम असबाब, वजूह, ज़मीन और माहौल मुहय्या करें जिससे वो अपनी कूबतों को बराएकार ला सकें। बात सिर्फ यह है कि जहाँ जिम्मेदार लोगों के फ़रायज़ हैं, वहाँ फ़नकारों पर भी हैं कि वो मुसलसल अपने ऊपर तन्क़ीद करें, अपनी खामियों का जायज़ा लेते रहें और कोशिश करें कि हत्तिलइमकान ये ख़ामियाँ दूर हों और यह उसी सूरत में मुम्किन है जब वो अपने इलम और फ़न और ज़िंदगी के तज्रिबात में इज़ाफ़े की कोशिश करते रहें, आखिर अदीबों ने तलवारों के साए और क़ैद की जंजीरों के साथ भी बेहतरीन अदब पैदा किया।

सेंट्रल जेल, हैदराबाद सिंध, 19 अप्रैल, 1952

कल हमारे क़ैदख़ाने में अच्छी-खासी कल्चरल कान्फ्रेंस हुई इसलिए कि रेडियो पर उस्ताद विलायत हुसैन, नारायण राव व्यास और उस्ताद अल्लाउद्दीन खाँ की मौसीकी सुनी। विलायत हुसैन खाँ ने तो ऐसा लाजवाब सितार बजाया, जिसकी याद और लिज़्जत का एहसास उम्र भर रहेगा। उन्होंने पीलू की ठुमरी सुनायी और उसमें ऐसे-ऐसे लतीफ़ गोशे निकाले और ऐसी दिलकशी पैदा की जैसे चारों तरफ चाँदनी ही चाँदनी खिली है और उनमें से जो खुश्बू आ रही है, उसमें से ये नग़में फूट रहे हैं, ऐसे में तुम बहुत याद आयीं और यह सोचा कि अगर हम तुम्हारे साथ उसे सुनते तो हमारी खुशी दुबाला हो जाती।

सेंट्रल जेल, हैदराबाद सिंध, 20 अप्रैल, 1952

कितनी खुशी की बात है कि तुम लखनऊ यूनिवर्सिटी की एकेडमिक कौंसिल की मिंबर मुंतख़िब हो गयी हो और तुमने पहली मीटिंग के तास्सुरात में जो उस्तादों की 'इल्मदोस्ती' का अफ़सोसनाक हाल लिखा है, उसे पढ़कर मुझे अपने बैरिस्ट्री का वह मुख़्तसर सा ज़माना याद आ गया जब मैं वकीलों और बैरिस्टारों के झुंड में अपने आप को बिल्कुल तन्हा महसूस करता था।

वहाँ मुश्किल से कोई ऐसा नज़र आता था, जो इल्म, सियासत, तहजीब के किसी भी शोअबे से थोड़ा भी लगाव रखता हो–आम तौर पर पीठ पीछे एक दूसरे की बुराई अपनी तारीफ़ और तअला ख? रूपए की लालच, फीके और घटिया क़िस्म के मज़ाक, ग़रज़ यह कि बहरसूरत अपनी जहालत का इज़्हार। मैं हैरान होता था कि मुल्क के ये सबसे ज़्यादा पढ़े-लिखे लोगों का गिरोह आखिर क्यों इस क़दर ग़ैरदिलचस्प है और उसकी हालत क्यों इतनी अफ़सोसनाक है।

सेंट्रल जेल, हैदराबाद सिंध, 27 मई, 1952

हाँ मैं महादेवी वर्मा से मिल चुका हूँ बल्कि 36 और 37 में जब मैं इलाहाबाद में जवाहरलाल जी के साथ काम करता था, अक्सर महादेवी जी से मुलाक़ात होती थी, वह उस ज़माने में कहीं पढ़ाती थीं और शायरी भी करती थीं, साथ-साथ कुछ सियासी काम भी करती थीं। उनसे बड़ी बहसें रहा करती थीं। लेकिन अब उन बहसों की तफ़सीलात याद नहीं, शायद दिमाग़ पर जोर डालूँ तो याद आएँ। अलबत्ता उनकी बेसाख्ता हँसी और उनकी सादगी और उनकी इंसानियत और अख़लाक का नक़्श अब तक दिल पर है। उनकी शायरी अलबत्ता हमारे पल्ले नहीं पड़ी लेकिन वह तो हमारी जहालत थी क्योंकि इतनी हिंदी हमको आती ही नहीं थी।

सेंट्रल जेल, हैदराबाद सिंध, 9 जून, 1952

अदीबों की तंज़ीम का सवाल हमेशा से एक मुश्किल मसअला है लेकिन इससे भी ज़्यादा मुश्किल सवाल यह है कि अदीबों के लिए वह कौन-सा माहौल सबसे ज़्यादा साज़गार है जिसमें रहकर वह बेहतरीन तख़लीफ़ कर सकें (रोटी का सवाल इन दोनों से अलग और सब सवालों की बुनियाद है) वह कौन-सी बातें हैं, जिनके ज़रिए अदीबों की सलाहियतों को ज़्यादा से ज़्यादा और बेहतरीन तरीक़े से उभारा जा सकता है।

मेरे ख़्याल में तो सबसे पहले यह जरूरी है कि उन्हें अपने इर्द-गिर्द की ज़िंदगी, वतन, कौम और उसके अफ़शद और गिरोहों की ज़िंदगी का ज़िंदगी के रिश्तों और उसके उलझाव और तनाव का अंदाज़ा और इल्म हो। लेकिन यह इल्म भी उसी सूरत में सही और मुफ़ीद हो सकता है जब कि अदीबों की नौए-इंसानी से गहरी दिलचस्पी और मोहब्बत हो और अपने तबके के गुरूर और जहालत और खुदपरस्ती की जगह उनमें यह सलाहियत हो कि उन तबक़ात से अक़्ल और आदमियत और तज्रिबा हासिल कर सकें। जो तमाम अक़दार (मूल्य) की खालिक़ हैं। इसमें कोई शक नहीं कि हमारे अक्सर अदीब उन दीवारों को नहीं तोड़ सके हैं, जो उनके और मामूली मेहनतकश इंसानों के दरम्यान हायल हैं। बहरहाल उम्मीद की जा सकती है कि ज़माने की गर्दिश और समाजी तब्दीलियों और अपनी ख़ामियों का ईमांदाराना जायजा उन्हें लामुहाला उस तरफ ले जाएगा... अलबत्ता हमारे यहाँ बाज़ ऐसे सख़्तगीर लोग भी हैं (जिन्हें जदीद कठमुल्ला कह सकते हैं) जो इस पर भी नाराज़ होते हैं कि अदीब और शायर रेस्तोरानों और काफ़ी हाउसों में 'वक्तजाया' करते हैं। ये लोग बेचारे अदीब से उसका चाय का प्याला और सिग्रेट भी छीन लेना चाहते हैं। अच्छे खाने, कपड़े और मकान से तो वह वैसे भी महरूम रहता है। लेकिन जब तक अदीब इकट्ठा होकर बातें न करेंगे, बहसें न करेंगे, एतराज़ात न करेंगे और इस तरह वह थोड़ा-बहुत वक्त 'जाया' न करेंगे उनके दिमागों में जौलानी पैदा नहीं होगी। वह ऐसे तर्क से अपनी कम इल्मी को छिपाना चाहते हैं और जिन्होंने अफ़साना और शेर लिखना इसलिए इख़्तियार किया है कि उनके नज़दीक अदीब के लिए कुछ भी पढ़ना ग़ैरज़रूरी है, मगर अदीब के लिए इल्म की कमी को कोई दूसरी चीज़ पूरा नहीं कर सकती। मगर अदीब की तो दरअस्ल सबसे बड़ी मुश्किल ही यह है कि उसे तो तारीख़ (इतिहास) सियासत और मुअशियात, नफ़सियात ग़रज़ यह कि हर चीज़ का कुछ न कुछ इल्म होना ज़रूरी है।

कोयटा, ब्लूचिस्तान, 1 नवंबर 1954

कल हुस्ने इत्तिफ़ाक़ से रेडियो पर एक मुशायरा सुना...जोश साहब और हमारे बाज़ क़दीम शुअरा आखिर जवानी और उसकी बाल्हाना सरखुशियों के गुज़रने का इतना मातम क्यों करते हैं? हर चीज़ गुज़री है और बदलती है, लेकिन यह तो जरूरी नहीं कि एक खास उम्र और एक खास हालत के गुज़र जाने के बाद इंसान की ज़िंदगी खाली हो जाए—नई किस्म और नए तौर की मुसर्रतें और आसूदगियाँ, पहली, किसी क़दर ना तराशीदा और जिबल्ली (प्राकृतिक-स्वाभाविक) आसूदगियों की जगह ले लेती हैं। कलियों की शिगुफ्तिगी और फूलों की बेसाख़्ता हँसी दिल आवेज़ है तो समरवार

(फलों से लदी) शाखों की लचक और रसीदा मेवों की चाशनी, रस और उनकी महक भी दिलनवाज़ और हयातआफ़रीं हैं। गुज़िश्ता सुरूर की याद अपने साथ ग़मगीनी भी लाती हैं लेकिन अगर यह ग़मगीनी मौजूदा कैफ़ियतों को कुजला दे तो इसके यही मायने हो सकते हैं कि मौजूदा ज़िंदगी की रवानी और दवानीं की रफ़्तार धीमी है और अगर उसका धीमा होना फितरत का तकाजा है तो तिश्नालबी और तिहीजामी (जाम का खाली होना) तो उसका तक़ाज़ा नहीं। कहीं ऐसा तो नहीं है कि ये अश्जार (पेड़) ऐसे हैं जिनमें फूल और कलियाँ तो लगते थे मगर फल नहीं लगे और उनकी खिजाँ महरूमें समर रह गई।

अनुवाद–शकील सिद्दीक़ी

संस्मरण

इंतज़ार ख़त्म हुआ, इंतज़ार बाकी है

❑ रज़िया सज्जाद ज़हीर

इस तहरीर का जो पसमंज़र[1] है, उसको देखते हुए हो सकता है, ये कहीं-कहीं से बेरब्त[2] मालूम हो—घड़ी के उन टुकड़ों की तरह जो देखने में एक-दूसरे से क़तई मेल नहीं खाते, मगर जिनमें से हर एक अपनी जगह एक मानी रखता है और सबको सलीक़े से जोड़ा जाए तो एक ख़ाका बन जाता है। मुझे अपने क़ारईन[3] से यह माफ़ी तो माँगनी है कि मैं कुछ मुतफ़र्रिक़[4] बातें कर रही हूँ, मगर मुझे उनकी ज़हानत पर भरोसा है कि वह इनको यकजा[5] करके एक ख़ाका[6] बना लेंगे।

मैंने अपने रफ़ीक़[7] और शौहर सज्जाद ज़हीर के साथ पैंतीस साल गुज़ारे—और यह कहने के साथ मैं सोचती हूँ कि हमारी ज़िंदगी में लफ़्ज 'साथ' के क्या मानी थे। हमारी शादी 10 दिसंबर, 1938 ई. को हुई, 12 मार्च, 1940 ई. को वह गिरफ़्तार हुए, लखनऊ सेंट्रल जेल में दो साल क़ैद रहे, 1948 ई. के अप्रैल को पाकिस्तान गए, 1955 ई. की जुलाई में वापस आए। दो साल लखनऊ में मेरे और बच्चियों के साथ रहने के बाद 1957 ई. में पार्टी का अख़बार निकालने देहली आ गए, मैं बच्चों की तालीम की वजह से लखनऊ ही रही। 1965 में मैं भी देहली आ गई और फिर हम दोनों यहीं रहे। इस तरह हम तक़रीबन दस साल तो एक-दूसरे से बिलकुल अलग रहे, आठ साल कभी-कभार मिलते थे और यूँ हमारी आधी से ज़्यादा मुश्तरका[8] ज़िंदगी, अलग-अलग रहकर ख़तों[9] पर बसर हुई, फिर भी हमें एक ऐसी रफ़ाक़त[10] नसीब रही जो बहुत कम मियाँ-बीवी को मिलती है।

वह तो अब हमेशा को मुझसे बिछड़ गए, मैं भी पा-ब-रकाब[11] हूँ, लेकिन मुझे महसूस होता है कि आइंदा बहुत-से साल हमारे मुल्क में ऐसे आएँगे कि मुल्क से मुतालिक़ अपना फ़र्ज समझनेवाले नौजवान मियाँ-बीवियों को कुर्बानियों की राह अपनानी पड़ेगी। अगर शऊर[12] और एहसास को सोशलिज़्म लाने के लिए ब-रु-ए-कार

लाना[13] होगा तो ज़ातियात[14] को पसे-पुश्त[15] डालना होगा। अगर ऐसे लोगों को हमारी ज़िंदगी से कुछ भी हिम्मत मिल सके तो मैं समझूँगी हमारा किया वसूल हुआ।

आज अपने मुल्क-भर से, दुनिया के गोशे-गोशे[16] से मुझे तार और ख़ुतूत मिल रहे हैं जिनमें उनकी अज़्मत[17] का एतराफ़[18] है। उनको यह बात ख़ास तौर पर नापसंद थी कि मियाँ-बीवी एक-दूसरे की तारीफ़ करें लेकिन उनमें कुछ ख़ास ऐसे थे जो मेरे ख़याल में घरेलू जिंदगी और इनसानी रिश्तों को पाइंदगी[19] बख़्शते हैं। इसलिए मैं उनकी कुछ ऐसी सिफ़ात[20] का ज़िक्र करना चाहती हूँ जो बादीउन्नज़र[21] में बिलकुल मामूली बात लगती हैं मगर जिनसे ही दरअस्ल उनकी अज़ीम शख़्सियत मुरक्कब[22] थी मसलन अच्छे खाने के हद दर्जा शौक़ीन होते हुए भी, मुझे याद नहीं कि उन्होंने कभी भी बदमज़ा खाने पर नुक्ताचीनी की हो। अगर सामने खाना कम होता था तो ज़रूर पूछते थे कि सब लोग खा चुके न, या और लोगों के लिए रख लिया गया है न? दूसरों की बात हैरत-अंगेज़ तहम्मुल[23] के साथ सुनते थे। अपने ख़यालात उन्होंने कभी मुझ तक पर लादने की कोशिश नहीं की, बहुत हुआ तो कोई किताब पढ़ने की राय दे दी, बस। किसी औरत के किरदार को बुरा कहते मैंने उनको नहीं सुना, उनसे मिलकर लोगों की ख़ुद-एतमादी[24] बढ़ जाती थी, अपनी ग़लती तस्लीम कर लेने में उन्हें ज़रा भी हिचकिचाहट नहीं होती थी। एहसान-फ़रामोशों को उन्होंने हमेशा माफ़ किया। उनका दिमाग़ जदीद-तरीन[25] मग़रिबी रुझान से मुतास्सिर होता था, दिल हमेशा मशरिक़ी उलूमो-फुनून[26] के हुस्न से महसूरो-मुतास्सिर[27] होता था—और ये मेल इसलिए निहायत मुतवाज़न[28] था कि इसकी बुनियादें इल्म पर क़ायम थीं। जो शख़्स मशरिक़ो-मग़रिब के फुनून की तारीख़ और उनके हर मोड़ और रुझान का मंतक़ी[29] इल्म रखता हो, सिर्फ़ वही ऐसा रवैया अख़्तियार कर सकता है।

क्या उनके नौजवान अक़ीदतमंदों[30] को यह अंदाज़ा है कि उनकी तबीअत की ख़ाकसारी और मिज़ाज का हिल्म किस दर्जा मज़बूत, हकीमाना और आलिमाना तहें रखता था कि हिल्म अज़्मत के लिए कितना ज़रूरी है।

अलबत्ता यह सोचना गलत होगा कि उनको गुस्सा कभी आता ही न था। अगर हमारे घर में काम करनेवाली लड़की से कोई प्याली टूट जाती, हमारे कुत्ते का पिल्ला उनका कुर्ता फाड़ डालता, उनके लिखते वक़्त कोई फक़ीर फाटक पर खड़ा होकर ज़ोर-ज़ोर से चीखने लगता जो उनके लिखने की जगह पर से चंद ही गज़ पर था, उनके आराम करने के वक़्त कोई साहब बग़ैर इत्तिला के आ धमकते और फिर घंटों न जाते, कोई थर्ड क्लास तालिबे-इल्म[31] अपने थर्ड क्लास को अपने मुसलमान होने का ख़मियाज़ा[32] साबित करने की कोशिश करते हुए उनसे सिफ़ारिश को कहता, कोई टेढ़ा-मेढ़ा दोस्त नशे में धुत उनके बार-बार सोशलिस्ट मुल्कों के सफ़र पर तवील ताने देता, और इसी क़बील की और बहुत-सी बातों पर उनको गुस्सा न आता। लेकिन जब कोई शख़्स अपनी सियासी क़लाबाज़ी को क़ौम के लिए मुफ़ीद[33] साबित

करने की कोशिश करता, अपनी ज़ाती मुंफअत[34] को उसूल बनाकर पेश करता, नए सिरे से काम में जुट जाने की बजाए पुरानी लकीरें पीट-पीटकर तरक़्क़ीपसंदों की सफ़ों में इंतिशार[35] फैलाने की कोशिश करता और साज़िश करता, शख़्सी आज़ादी, मुकम्मल आज़ादी, आज़ादी-बराए-आज़ादी वग़ैरह क़िस्म के नाम पर सोशलिज़्म को गालियाँ देता—क्योंकि इसमें पड़ती है मेहनत ज़्यादा!—तो उनको गुस्सा आता था। बड़ा गहरा, ख़ामोश गुस्सा। और फिर ये ख़ामोशी अल्फ़ाज़ बनती—ये गहरी ख़ामोशी जिसमें उस शख़्स की रियाकारी[36], बेइमानी और हिमाक़त पर अफ़सोस भी होता है। और जब ये गुस्सा अल्फ़ाज़ बनता तो अकसर हर्फ़े-आख़िर बन जाता। उन्हें जोश मलीहाबादी की एक रुबाई के ये दो मिसरे बहुत पसंद थे—

या अहमक़े-बेपनाह, या मर्दे-हकीम[37]
ये दो ही ख़ुशी से जी सकते हैं

और इसमें क्या शक है कि वह जब तक जिए ख़ूब जिए, ख़ुशी से जिए, मुतमईन[38] जिए। उन्होंने जिंदगी की हर ख़ूबसूरत चीज़ से प्यार किया, हक के लिए जुस्तुजू-ए-मुसलसल[39] की, अपने ज़मीर के ख़िलाफ़ कभी कुछ नहीं किया। किसी से हसद, किसी से दुश्मनी नहीं की। उन्हें वह क़ल्बे-मुतमय्यना[40] हासिल था जो ज़ेह्नी मसर्रत[41] की बुनियाद और रूहानी अज़्मत का सरचश्मा[42] है। जदीद[43] अदब में भी जो कभी-कभार मायूसी का एक मरीज़ाना उंसुर[44] मिलता है, उसको देखकर वो अकसर हैरान रह जाया करते थे क्योंकि खुद उन्होंने तो ज़िंदगी और ज़िंदगी में नेकी की कुव्वत पर एतमाद कभी नहीं खोया। शायद ऐसे ही एतमाद को मज़हबी लोग हई-उल-मतीन[45] कहते हैं।

जहाँ तक मैं जानती-समझती हूँ, उनकी जिंदगी में सिर्फ़ एक ही ग़म था कि उनको जमकर अदबी तख़लीक़ करने की मुहलत नहीं मिली। तालीम ख़त्म करके यूरोप से वापस आने के पहले उन्होंने अंजुमन तरक्की पसंद मुसन्निफ़ीन की दाग़बेल लंदन में कुछ दोस्तों के साथ मिलकर डाली लेकिन हिंदुस्तान पहुँचते ही आज़ादी की तहरीक ने उनका दामन पकड़ लिया। साथ ही पार्टी, फिर अंजुमन तरक़्क़ीपसंद मुसन्निफ़ीन की तंज़ीम[46] के लिए उनको अपने मुल्क के हर सूबे में जाना पड़ा। तमाम तहज़ीबी[47] इकाइयों को एक मुनज़्ज़म[48] और मुत्तहिद[49] लड़ी में पिरोकर, शहंशाहियत-दुश्मन तहरीक का एक हिस्सा बनाना पड़ा, जगह-जगह कान्फ्रेंसें, ज़बानों के मसले, तहज़ीबो-तमद्दुन के विरसे, उन सबका मौजूदा ज़िंदगी से ताल्लुक़—ये इतने बड़े मसाइल थे कि अदब तख़लीक करने की फ़ुरसत यक-क़लम मौक़ूफ़[50] हो गई।

आज़ादी आने के साथ तक़सीम[51] मसल-ए-पाकिस्तान, क़ैदो-बंद, रूपोशी[52], उससे आज़ादी के बाद हिंदुस्तान वापस आकर फिर वही गर्दिश और अबकी दफ़ा क़ौमी ही नहीं, बैनुलअक़वामी[53] पैमाने पर भी इस तरह के फ़राइज़े-मंसबी[54] ने हमेशा

तख़लीक़ से रोके रखा। मेरी बात के सबूत में *रौशनाई* और *ज़िक्रे-हाफ़िज़* हैं। ये दोनों ही किताबें पाकिस्तान के मुख़्तलिफ़ क़ैदखानों में लिखी गईं जबकि ज़बरदस्ती पा-ब-ज़ंजीर होकर बैठना पड़ा। मैं कभी-कभी उनसे कहती थी कि 'इंदिरा बीबी से कहूँगी, तुम्हें दो-चार साल के लिए क़ैद करवा दें तो अदब के लिए निहायत मुफ़ीद होगा। कुछ नहीं तो दो किताबें तो हो ही जाएँगी।' वो मुस्कुरा देते थे। उनकी वफ़ात[55] के बाद मेरे पास जो बेशुमार खुतूत आए उनमें कई बातें चूँकि एक-सी हैं इसलिए क़ाबिले-ग़ौर हैं।

अव्वल तो यह कि हर खत में लिखा है—'मुझे बहुत चाहते थे, मुझ पर खास शफ़क़त[56] फ़रमाते थे, कितने एहसानात थे उनके मुझ पर, किस क़दर मुहब्बत थी मुझसे, वग़ैरह।' मैं हैरान हूँ कि एक आदमी ने इतने बहुत सारे इनसानों को यह यकीन कैसे करवा दिया था कि वह उनको उतना चाहता था जितना किसी और को नहीं।

दूसरी बात जो बहुत-से लोगों ने लिखी है कि 'सज्जाद ज़हीर साहब के इंतक़ाल से उर्दू को बहुत सख़्त नुक़सान पहुँचा है।'

ये बात सच है। लेकिन यह न सिर्फ़ आधी सच्चाई है, बल्कि एक ऐसी बात है जिसका मुफ़स्सल[57] तजज़िया[58] किया जाना चाहिए। मेरे ख़याल में हम उर्दूवालों के लिए ये सोचना ज़रूरी है कि सिर्फ़ सोशलिस्ट निज़ामें-जिंदगी[59] ही हमारी मज़लूम[60] ज़बान को इसका जाइज़ हक दिलवा सकता है, बाक़ी सब तिफ़्ल तसल्लियाँ[61] हैं जो कुछ न होने से बेहतर है लेकिन जिनसे कभी काम नहीं चल सकता। इसलिए हमें अपनी ज़बान के वास्ते जद्दो-जेहद करते रहने के साथ-साथ उन कुव्वतों को भी तक़्वियत[62] पहुँचानी चाहिए जो सही मानों में जम्हूरी[63] हैं। उर्दू के लिए सज्जाद ज़हीर साहब की अहमियत इसीलिए थी कि वह उस जम्हूरी दरिया की एक ताक़तवर और बेबाक मौज थे। कोई मसलहत-अंदेशी[64] किसी मामले में कभी बातिल[65] से समझौता करने पर आमादा नहीं कर सकी तो उर्दू के मामले में क्यों ऐसा होता।

अल्माअता (क़ज़ाकिस्तान की राजधानी जहाँ उनका इंतक़ाल हुआ) से उनके जो काग़ज़ात आए हैं, वो उनकी आख़िरी तहरीरें हैं। इन तहरीरों में वो रिपोर्ट भी है जो एफ्रो-एशियाई अदीबों की बैनुलअक़वामी कान्फ्रेंस में हिंदुस्तान की तरफ़ से पेश की जाने वाली थी और जिसे वो खुद पेश करने के लिए आख़िरी वक़्त तक दुरुस्त करते रहे थे। इसके लिए कुछ नोट्स भी अलग से मौजूद हैं। उर्दू ज़बान के साथ-साथ पंजाबी और सिंधी ज़बानों के हुकूक़ पर भी नोट हैं। इस बात के बाद अब ये अम्र ग़ौरतलब है कि हिंदुस्तान की सारी ज़बानों के लोग उनके कहे से क्यों मुतफ्फ़िक़ हो जाते थे, उनका फ़ैसला क्यों कुबूल कर लेते थे। उनके उठ जाने से सिर्फ़ उर्दू का नुक़सान नहीं हुआ, सब ज़बानों का हुआ जैसाकि मुझे मुतअद्दिद[66] ज़बानों के लोगों ने लिखा है। ऐसा सिर्फ़ उस शख़्स का हो सकता है जिसकी बेतास्सुबी[67] पर लोगों को भरोसा हो जिसके किसी अकदाम[68], किसी कलाम

की तह में ज़ाती मुंफ़अत न छिपी हो। यह अलमनाक[69] सानिहा[70] एक मौक़ा मुहैया करता है कि उर्दू के आम चाहनेवाले अपने रहनुमा का जाइज़ा लें, और उर्दू ज़बान के सिलसिले में सज्जाद ज़हीर को सबसे बड़ा ख़िराजे-अक़ीदत[71] यह होगा कि उनकी कसौटी पर और कुछ लोगों को कसा जाए।

बहुत से लोगों ने यह लिखा है कि सज्जाद ज़हीर के साथ अदब में तरक़्क़ीपसंदी का दौर ख़त्म हो गया।

मैं यह पढ़कर शशदर[72] रह गई।

जिन लोगों ने ऐसा लिखा है उनके ग़म और सदमें की शिद्दत को मैं समझती हूँ। उनके जज़्बात, मुहब्बत और अक़ीदत मेरे लिए एक क़ीमती रौ और जरिय-ए-तसकीनो-तसल्ली हैं। लेकिन क्या 13 सितंबर को अल्माअता में रुक जाने वाले जिस दिलो-दिमाग़ ने, मुसलसल गर्दिश करने वाले जिस जिस्म ने चालीस साल जो महसूस किया, सोचा और रियाज़ किया—वह सब-कुछ ख़त्म हो गया? अगर तेरह साल की एक पीढ़ी मानी जाती है तो इस अरसे में जो तीन पीढ़ियाँ परवान चढ़ीं, क्या उन सबकी अक़्ल और एहसास भी ख़त्म हो गया? इनसान पर गुज़रनेवाली मुसीबतों के लिए उनके दिल में कर्ब और अदबो-फ़न के लिए उनकी लगन भी खत्म हो गई? यह कैसे हो सकता है? बेशक सज्जाद ज़हीर का ग़म शदीद है, लेकिन—

मौजे-ग़म पर रक़्स करता है हुबाबे-ज़िंदगी
है अलम का सूरा भी जुज़्वे-किताबे-ज़िंदगी
(जीवन रूपी बुलबुल दुख की लहरों पर नृत्य करता है
और दुखों का पाठ भी जीवन की पुस्तक का एक अंग है।)

अब जबकि अंजुमन तरक़्क़ीपसंद मुसन्निफ़ीन का बानी[73] मौजूद नहीं, क्या हमें ये सोचना ज़ेब[74] देता है कि वो उसूले-अदबो-फ़न[75] भी नहीं रहे जिनके लिए वह जिया था। बेशतर अदीबों के खुतूत से मुझे ये अंदाज़ा होता है कि इस वक़्त उनकी वही कैफ़ियत है जो ख़ानदानवालों की उस वक़्त होती है जब बुज़ुर्गे-ख़ानदान बाक़ी नहीं रहता। चारों तरफ़ अँधेरा, सिम्त[76] का पता नहीं, ग़म की फ़रावानी[77]—लेकिन यही हमारी आज़माइश का वक़्त है और हमें इस यक़ीन के साथ अपने को मुनज़्ज़म करना और आगे बढ़ते रहना है कि हम प्रेमचंद, इक़बाल, टैगोर, वल्लतोल और सज्जाद ज़हीर के जाँनशीं[78] हैं।

अंजुमन तरक़्क़ीपसंद मुसन्निफ़ीन अब तक हिंदुस्तान में जो रोल अदा करती रही अब उसको ज़्यादा शिद्दत, ज़्यादा ज़िम्मेदारी और लगन के साथ अदा करना है ताकि सब पर यह साबित हो सके कि अफ़राद[79] मरते हैं, इदारे[80] और ज़िंदगियाँ क़ायम रहती हैं। हमें अंजुमन की एक कुल-हिंद कान्फ्रेंस का जल्द इंतज़ाम करना चाहिए। जिंदगी हमारे साथ है, मुस्तक़बिल हमारा है, जो ख़्वाब सज्जाद ज़हीर ने

देखे थे उनको हमसे कौन छीन सकता है! और ये तो इनसान ने हमेशा किया सज्जाद ज़हीर ने हमेशा कहा कि–

जमीं चीं-बर-जबीं है[81], आसवाँ तख़रीब पर माइल[82],
तआक़्कुब[82] में लुटेरे हैं, चटानें राह में हाइल[84],
रफ़ीकाने-सफ़र[85] में कोई बिस्मिल[86] है, कोई घाइल,
मगर मैं अपनी मंज़िल की तरफ़ बढ़ता ही जाता हूँ।

–गजाज़ लखनवी

उनसे मुताल्लिक़ मेरी ज़िंदगी में एक ख़ास उंसुर[87] उनका इंतज़ार था–उनके क़ैद से वापस आने का इंतज़ार, हिंदुस्तान में कहीं से वापस आने का इंतज़ार, दुनिया के किसी गोशे से वापस आने का इंतज़ार। वो इंतजार तो अब ख़त्म हुआ। लेकिन मुझे उनके ख़्वाबों की ताबीर[88] का इंतज़ार है, और आख़िरी वक़्त तक रहेगा, पूरी उम्मीद, पूरे यक़ीन, मुकम्मल एतमाद के साथ कि वही होगा जो उन्होंने तसव्वुर किया था।

सन्दर्भ

1. पृष्ठभूमि 2. असंबद्ध 3. पाठकों 4. फुटकर 5. एकत्र 6. रेखाचित्र 7. साथी 8. साझी 9. चिट्ठियों 10. मित्रता 11. रक़ाब में पैर डाले (चलने को तैयार, मरने के क़रीब) 12. चेतना 13. सक्रिय करना 14. वैयक्तिक बातों 15. पीठ पीछे 16. कोने-कोने 17. महानता 18. स्वीकार 19. स्थायित्व 20. गुणों 21. पहली नज़र 22. बनी हुई 23. धैर्य 24. आत्मविश्वास 25. आधुनिकतम 26. ज्ञानविज्ञान और कलाओं 27. घिरा हुआ और प्रभावित 28. संतुलित 29. तार्किक 30. श्रद्धालुओं 31. छात्र 32. नुक़सान 33. लाभदायक 34. निजी लाभ 35. बिखराव 36. मक्कारी 37. विद्वान पुरुष 38. संतुष्ट 39. लगातार तलाश 40. संतुष्ट हृदय 41. प्रसन्नता 42. स्रोत 43. आधुनिक 44. रुग्ण तत्व 45. समझदारी का खुदा 46. संगठन 47. सांस्कृतिक 48. संगठित 49. एकीकृत 50. एक सिरे से समाप्त 51. विभाजन 52. भूमिगत जीवन 53. अंतर्राष्ट्रीय 54. उच्च कर्त्तव्य 55. मृत्यु 56. वात्सल्य 57. विस्तृत 58. विश्लेषण 59. जीवन प्रणाली 60. उत्पीड़ित 61. बचकाना दिलासे 62. बल 63. जनवादी 64. समझौतापरस्ती 65. झूठे 66. अनगिनत 67. पक्षपातहीनता 68. क़दम 69. त्रासद 70. दुर्घटना 71. श्रद्धांजलि 72. भौचक्की 73. संस्थापक 74. शोभा 75. साहित्य और कला के सिद्धांत 76. दिशा 77. अधिकता 78. उत्तराधिकारी 79. व्यक्ति 80. संस्थाएँ 81. ज़मीन माथे पर शिकन लिए 82. विध्वंस पर आमादा 83. पीछा करना 84. बाधक 85. सहयात्रियों 86. ज़ख़्मी 87. तत्व 88. सपनों के साकार होने।

लेखक, पत्रकार और कम्युनिस्ट सज्जाद ज़हीर

❑ रिफ़त सरोश

सैयद सज्जाद ज़हीर महज एक शख़्स का नाम नहीं, बल्कि एक ऐसी तहरीक का नाम है, जिसने कलमकारों को एक नए शऊर से आशना किया और लिखने वालों को अहसास कराया कि अदब को मकसदी होना चाहिए। सरमाएदारी और शोषण के खिलाफ आवाज़ उठाना कलमकार का प्राथमिक दायित्व है। लोगों में यानी अवाम में आजादी की चेतना पैदा करना और उन्हें आजादी की जद्दोजहद के लिए तैयार करना भी कलमकार की चिंता होनी चाहिए।

यह तहरीक अदब की तहरीक (आंदोलन) है। दूसरे अल्फाज (शब्दों) में अदब की बुनियादी व सौंदर्य मूल्यों का एहतिराम पहली शर्त है।

साहित्यिक आंदोलन जादू की छड़ी से नहीं पैदा होते बल्कि समाज के बदलते हालात ही आंदोलनों को जन्म देते हैं। सज्जाद ज़हीर किसी इंकलाबी खानदान में पैदा नहीं हुए थे। उनका घराना जागीरदारों का घराना था, जिला जौनपुर (यूपी) के एक गाँव कलांपुर के जमींदार। उनके दादा सैयद ज़हीर हुसैन तालीम पाकर तहसीलदार हो गए और उनके बेटे सर सैयद वजीर हसन ने वकालत को अपना पेशा बनाया, मुल्क की सियासत में भी दखल देने लगे और ऑल इंडिया मुस्लिम लीग से हो गए। 1916 में कांग्रेस और मुस्लिम लीग के बीच जो सियासी समझौता हुआ, उसमें वह पेश थे। आखिर में वह अवध चीफ कोर्ट के चीफ जज बन गए और लखनऊ शुकूनत इख़्तियार की।

सर वजीर हसन ने अपने पाँचों बेटों को आला तालीम दिलवाई और सबने अपने-अपने मैदानों में नुमायां खिदमात अंजाम दीं। सज्जाद ज़हीर अपने भाइयों में

चौथे नंबर पर थे और निस्तबन बागियाना मिजाज़ रखते थे। उनकी पैदाइश 1905 की है। यानी 1917 में जब रूस में कम्युनिस्ट हुकूमत क़ायम हुई तब वह 12-13 साल के थे और एक ज़हीन तालिब इलम की तरह उन्होंने रूस की इंकलाबी सरगर्मियों का असर कुबूल किया। यह इंकलाब बादशाहों सरमाएदारों और नौकरशाही के लिए एक चैलेंज था। जो पुरजोश नौजवानों के लिए नए दौर का आगाज़ बराहेरास्त या बिलवास्ता दुनिया इंकलाब के असरात कुबूल कर रही थी। हिंदुस्तान में भी तहरीके आजादी जोर पकड़ती जा रही थी। जब 1919 में असहयोग और खिलाफत की तहरीकें शुरू हो गईं तो सज्जाद ज़हीर ने उनका असर कुबूल किया और उनके दिल में हुकूमतें वक्त से बेजारी का ज़ज़्बा पैदा हुआ जो उनके हुकूमत परस्ताना खानदानी रिवायत के विपरीत था। चुनांचे वह इन तहरीकात में खुलकर हिस्सा न ले सके।

दीगर भाइयों की तरह सज्जाद ज़हीर को भी तालीम हासिल करने के लिए आक्सफोर्ड भेज दिया गया। वहाँ उन्हें खुली फिजा मिली। बेहतर मुल्कों की तरह ऑक्सफोर्ड में भी रूसी इंकलाब की यादगार के तौर पर एक क्लब कायम हुआ और सज्जाद ज़हीर उस क्लब के मेम्बर बन गए। यहीं उनका इंकलाबी शऊर परवाना चढ़ा। उन्होंने आईसीएस का इम्तिहान देने से इंकार कर दिया। क्योंकि वह नौकरशाही के झमेले में नहीं पड़ना चाहते थे। वालिद की खुशी के लिए उन्होंने बैरिस्ट्री का इम्तिहान तो पास किया मगर उसे अपना पेशा नहीं बनाया। उनका झुकाव अदब की तरफ था। उनका असल कारनामा था अंजुमन तरक्की पसंद मुसन्नफीन (प्रगतिशील लेखक संघ) का क़ियाम।

हिंदुस्तान के मख़्सूस हालात को जेहन में रखते हुए कुछ बागी नौजवान लंदन से सर जोड़कर बैठे और काफी बहस-मुबाहिसे के बाद अंजुमन के मैनिफेस्टो का पहला घोषणा पत्र तैयार हुआ यह 1935 की बात है। ज्योति घोष ने उसका पहला मसविदा तैयार किया। सज्जाद ज़हीर, मुल्कराज आनंद, प्रमोदसेन गुप्ता और मोहम्मद दीन तासीर ने बहस व मुबाहिसे के बाद उसकी नोक पलक दुरुस्त की और उसे एक आखिरी शक्ल देकर सज्जाद ज़हीर ने उसकी नक्ल हिन्दुस्तान में मुख्तिलिफ लोगों को भेजीं ताकि उस पर मजीद गौरोफिक्र हो सके और हिन्दुस्तानी अदीबों की हिमायत हासिल की जा सके। उसी साल सज्जाद ज़हीर लंदन से हिंदुस्तान वापस आ गए और यहाँ अंजुमन (पीडब्ल्यूए) कायम करने की कोशिश शुरू की। वह इस मकसद के लिए खासतौर पर अमृतसर और लाहौर गए और फ़ैज़ व सूफी गुलाम मुस्तफा तबस्सुम से मुलाकातें कीं। रशीदजहाँ और महदुज्जफर उन दिनों अमृतसर में ही थे। सज्जाद ज़हीर उनके निमंत्रण पर ही अमृतसर गए थे। इस अंजुमन का दायरा सिर्फ उर्दू तक महदूद नहीं था, बल्कि हिंदुस्तान की तमाम ज़बानों को एक मर्कज पर लाना और उनमें तरक्कीपसंद फिक्र की तरवीह करना इसका मकसद था।

1939 में दूसरी जंगे अजीम शुरू हुई। कम्युनिस्ट अंग्रेजों के खिलाफ थे। चुनांचे

तमाम चोटी के कम्युनिस्ट रहनुमाओं के साथ सज्जाद ज़हीर को भी जेल में डाल दिया गया। मगर जब सोवियत रूस अंग्रेजों के शाना ब शाना लड़ने के लिए जर्मन के खिलाफ मैदान जंग में उतर आया तो हिंदुस्तान की जेलों में कैद कम्युनिस्टों को रिहा कर दिया गया। सज्जाद ज़हीर 1940 में कैद होने के बाद लखनऊ सेंट्रल जेल में रखे गए थे। एक-आध साल बाद बीमार हो गए तो अस्पताल में मुतकिल कर दिए गए। 1942 में सज्जाद ज़हीर ने कम्युनिस्ट पार्टी के मर्कजी दफ्तर से हफ्तावर अखबार 'कौमी जंग' जारी किया, जिसे हाथों हाथ लिया गया और तरक्की पसंद मुसन्निफीन की अंजुमन को भी मकबूलियत (लोकप्रियता) हासिल हुई अब जमाना आया अंजुमन के उरूज का। इसके साथ ही तरक्की पसंदी के खिलाफ अखाड़े भी बनाना शुरू हुए। देहली में ख्वाजा मोहम्मद शफी तरक्की पसंद के सख्त दुश्मन थे। वह शास्त्रार्थ और बहसमुबाहिसों का दौर था दिसंबर 1944 की बात है कि देहली के कामरेड अहमद और कामरेड मुकीमुद्दीन फारूकी ने सज्जाद ज़हीर को तरक्की पसंदी के मौजू पर एक बहाया मुनाजिरे (शास्त्रार्थ) के लिए दिल्ली बुलाया। तरक्की पसंदी की हिमायत में बोलने वाले थे, सज्जाद ज़हीर, फ़ैज़ और अख्तरूलईमान और मुखालिफत में ख्वाजा मोहम्मद शफा और मौलाना सैयद अहमद अकबराबादी और सदारत फरमा रहे थे सर रजा अली। देहली के दरबारहाल में दिसंबर की सर्द रात में यह गरमागरम मुनाजिरा हुआ। मैं भी इस मुनाजिर में मौजूद था। मैं, जमीलुद्दीन आली और अख्तरूल ईमान स्टेज पर बैठे हुए थे। नाम जरूर सुना हुआ था लेकिन सज्जाद ज़हीर को उस रोज मैंने पहली बार देखा। निहायत वजीह आदमी, अच्छा खासा कद सुर्ख ओ सफेद रंग, कुछ भारी बदन, चेहरे पर एक सुकून और ठहराव कुशादा पेशानी, होठों पर हल्का हल्का तबस्सुम, आवाज़ में लताफत और लहजे में शेरनी और घुलावट। खादी के कुर्त पाजामें में मलबूस। उनके चेहरे पर सियासतदानों वाली चालाकी नज़र नहीं आई। मुनाजिर की इब्दिता ख्वाजा मोहम्मद शफी ने की। वह ख्वाजा अब्दुल मजीद के फर्जंद, देहली के मकबूलों भखफ शख्सियत थे। उन्होंने निहायत पाटदार आवाज में अपनी तकरीर शुरू की और बीच-बीच में अपने क़हक़हों से अपनी तकरीर गर्माते रहे।

उन दिनों तरक्की पसंदों में कई तर्ज के लिखने वाले शामिल थे। नूनः मीम राशिद मोराडी, जोश सब एक ही सफ में शामिल थे। ख्वाजा साहब ने एक माहिर डिबेटर की तरह राशिद की मीरा जी की नज्म 'लब जूए बार', मण्टो की कहानी 'बू', इस्मत चुगताई की 'लिहाफ' सब पर फहाशी का फतवा सदिर करते हुए और ड्रामाई अंदाज में नज़्मों के हिस्से पेश करते हुए हाजिरीन से खूब खूब दाद हासिल की और जोश की नज़्मों के ऐसे अंश भी सुनाए जिनमें अश्लीलता का पहलू था। इसके विपरीत सज्जाद ज़हीर ने गैर जज्बाती और संतुलित तकरीर की और कहा कि तरक्की पसंद सिर्फ यही नहीं है जिसकी तरफ ख्वाजा साहब ने इशारा किया

है। बल्कि तरक्की पसंद अदब अवाम के मसायल से सरोकार रखता है, बेहतर ज़िंदगी के ख्वाब जगाता है। इस वक्त दो ढाई घंटे के उस मुनाजिर की रिपोर्ट लिखना मकसूद नहीं है। महज यह बताना है कि सज्जाद ज़हीर ने तरक्की पसंदी के फरोग के लिए हर सतह पर काम किया और वे अपने अदबी हरीफों से भी विनम्रता से मिलते थे।

अपनी किताब रोशनाई में इस मुनाजिरे की तफसील लिखते हुए सज्जाद ज़हीर ने लिखा है कि बाद में ख्वाजा मोहम्मद शफी और मौलाना अहमद अकबरावादी से बहुत दोस्ताना माहौल में मुलाकातें हुईं और उन्होंने उनकी कुछ बातों से इत्तिफाक किया। मुझे सज्जाद ज़हीर से बंबई में कुर्बत का शरफ हासिल हुआ जब उनसे 1945 में दरम्यानी अर्से में कम्युनिस्ट पार्टी के दफ्तर में मुलाकात हुई। फिर अक्तूबर में हैदराबाद वाली अंजुमन तरक्की पसंद मुसन्निफीन (उर्दू) की पहली कान्फ्रेंस में शिरकत के लिए बंबई से हैदराबाद तक रेल का सफर एक हफ्ते वहाँ साथ कयाम। सुबह से शाम तक कान्फ्रेंस के इजलास और उसके बाद बंबई वापस आकर तो उनसे मिलना जैसे दूसरे तीसरे दिन की बात हो गई। सरदार जाफरी, कैफ़ी आज़मी और डॉक्टर कुंवर मोहम्मद अशरफ तो पार्टी के कंपाउंड में रहते थे, मगर सज्जाद ज़हीर की रिहाइश 96, वालकेशर रोड पर थी। चौपाटी से जरा आगे। हैदराबाद कान्फ्रेंस के बाद उनकी कयामगाह पर अंजुमन की हफ्तावार मीटिंगें होने लगीं। जिनमें मैं तकरीबन हर हफ्ते शिरकत करता था। इन्हीं हफ्तावार मीटिंगों में मेरा शऊर परवान चढ़ा और मैंने तरक्की पसंद नजरियात को ज्यादा से ज्यादा कुबूल किया। 45 से 47 तक यह सिलसिला दो साल चला। यानी सज्जाद ज़हीर की शख्सियत में ऐसी मक्नातीसियत (चुंबकीय आकर्षण) था कि तरक्की पसंदी से ताल्लुक भी उन महफिलों में आते थे और बहसों में हिस्सा लेते थे। अगर बहस गलत मोड़ ले लेती तो सज्जाद ज़हीर की संतुलित गुफ़्तगू माहौल को खुशगवार बना देती थी। सज्जाद ज़हीर कम्युनिस्ट पार्टी के इफ्तावार अखबार 'क़ौमी जंग' और बाद में 'नया ज़माना' के एडीटर हुए उनके साथ सरदार जाफरी, सिब्ते हसन, कैफ़ी आज़मी' जियाउल हसन, जोयअंसारी और अली अशरफ जैसे अखबार नवीस और अदीब थे और वक्त पड़ने पर ये लोग सर्दी में बाजार और दूसरे इलाकों में जाकर तकरीबन हाकरों की तरह अपना अखबार भी बेचते थे।

नया ज़माना के दफ्तर में हम लोग अक्सर बैठते थे। सज्जाद ज़हीर को कभी अपने सुपर होने का इजहार करते नहीं देखा। सब उनका एहतिराम करते थे और वह हँसते-हँसते ही अपने तन्कीदी ख्यालात का इजहार कर देते थे। मशविरे भी देते तो बहुत मोहब्बत के साथ। मैंने उनके माथे पर कभी शिकन न देखी, न कभी मूड खराब देखा। एक मिलकूती शख्सियत थे, धुली-धुली सी, रोशन-रोशन, साफ शफ्फाक। हिंदुस्तान की आजादी से दो-तीन हफ्ते कब्ल जुलाई 1947 में वह अपने वालिद की

मिजाज पुर्सी के लिए लखनऊ गए। सरवजीर हसन बहुत बीमार थे और 31 अगस्त 1947 को उनका इंतेकाल हो गया।

वालिद के इंतेकाल के कुछ दिन बाद सज्जाद ज़हीर वापस बंबई आए। मगर अप्रैल 1948 में उन्हें पार्टी के जलसे में कलकत्ता जाना पड़ा। उस इजलास में यह फैसला हुआ कि अब तक गैर विभाजित हिंदुस्तान में कम्युनिस्ट पार्टी एक थी मगर अब पाकिस्तान में नई कम्युनिस्ट पार्टी कायम करने की जरूरत है और उसकी कियादत के लिए सज्जाद ज़हीर का नाम प्रस्तावित हुआ। उधर मुल्क के हालात तेजी से बदल रहे थे। कांग्रेस की हुकूमत और कम्युनिस्ट पार्टी में ठन गई थी। कम्युनिस्टों की धड़ाधड़ गिरफ्तारियाँ हो रही थीं। सज्जाद ज़हीर की गिरफ्तारी का भी वारंट निकला। वह बीमार होने की वजह से कलकत्ता के एक अस्पताल में जैर इलाज थे। वहीं से भेस बदल कर निकले और बंबई होते हुए कराची पहुँचे। इस तरह अंजुमन तरक्की पसंद मुसन्निफीन (प्रगतिशील लेखक संघ) उनकी कियादत से महरूम हो गई। सज्जाद ज़हीर के लिए पाकिस्तान नया कर्म क्षेत्र था। वह वहाँ कम्युनिस्ट पार्टी ऑफ पाकिस्तान के जनरल सेक्रेटरी बनाए गए। पाकिस्तानी हुकूमत ने पार्टी को गैर-कानूनी करार दे दिया। तो वह अंडर ग्राउंड चले गए और खुफिया तौर पर अपनी गतिविधियाँ जारी रखीं।

1951 रावलपिंडी साजिश केस शुरू हुआ। वह इस मुकदमे में फ़ैज और दूसरे मिलिट्री व सिविल अफसरों के साथ अभियुक्त थे। गिरफ्तारियों का सिलसिला चला तो वह कुछ दिन मूँछ बढ़ाकर अफगानी लिबास पहनकर खपोश (भूमिगत) रहे मगर एक दिन पुलिस के हत्थे चढ़ गए और उन्हें फ़ैज के साथ जेल में डाल दिया गया। हुकूमत तो चाहती थी कि उन्हें उम्र कैद की सजा दी जाए मगर उन्हें चार साल की कैद हुई। 1955 में रिहा होने के बाद वह हिंदुस्तान वापस आ गए। जेल के चार साल सज्जाद ज़हीर की सृजनात्मक गतिविधियों के वर्ष हैं। वहाँ उन्होंने प्रगतिशील आंदोलन का इतिहास 'रोशनाई' नाम से लिखा। फारसी शाइर हाफिज की शाइरी का आलोचनात्मक अध्ययन किया और नुसी शाइरी की जो 'पिघला नीलम' के नाम से छपी। जो खुतूत उन्होंने जेल से अपनी बेगम रज़िया सज्जाद ज़हीर के नाम लिखे, उनकी भी खास अहमियत है। उनमें दर्दो कब्ल भी है। हालाते हाजिरा और हिंदुस्तान की साहित्यिक गतिविधियों पर टिप्पणी भी ये पत्र 'खुतूते जिंदा' के नाम से किताबी सूरत में भी छपे। गोया चार साल के कारावास में बन्ने भाई ने उर्दू अदब को चार अहम किताबें दीं। इससे पहले उनकी सिर्फ एक किताब थी, 'लंदन की एक रात'। पाकिस्तान से आकर उन्होंने उर्दू शायरी के बारे में चौंका देने वाला बयान दिया। उन्होंने कहा कि पिछले दस सालों में हमारे यहाँ एकदम बेकार शायरी हुई है। सिवाय अख्तरूल ईमान की एक नज्म 'एक लड़का' के और कुछ काबिले जिक्र नहीं लिखा गया। उनके इस रिमार्क पर कोई बोला तो कुछ नहीं मगर उनके चही तो शइरो

अली सरदार जाफरी और कैफ़ी आज़मी को बुरा जरूर लगा होगा। उनकी अपनी नज़्मों की किताब 'पिघला नीलम' की भी उतनी चर्चा यहाँ नहीं हुई, जितनी सोवियत रूस में वहीं उसके रूसी तर्जुमे शाए हुए। पाकिस्तान से आने के बाद सज्जाद ज़हीर ने दिल्ली में मुस्तकिल रिहाइश इख्तियार कर ली। यहाँ कम्युनिस्ट पार्टी का इफ्तावार आर्गन 'महाज' निकाला फिर वह पार्टी के अखबार 'हयात' के एडीटर हो गए।

देहली में रहकर उन्होंने 'शबे अफसाना व मुशाइरा' की बुनियाद डाली। इसका पहला जलसा देहली के टाउन हाल में हुआ जिसमें उनकी नाम की वजह से बगैर किराया लिए साहिर लुधियानवी, कृश्न चंदर, राजेंद्र सिंह बेदी, इस्मत चुगताई, जांनिसार (कथाकार) और शाइरी दिल्ली में थे। फ़िराक़ गोरखपुरी भी इस प्रोग्राम में शरीक थे। मगर उन्होंने पूरे जलसे (कार्यक्रम) को यह कहकर उलट पलट दिया कि आजतक दुनिया के किसी अदब में कहानियाँ इस तरह स्टेज पर नहीं सुनाई गईं।

फिर उन्होंने अपने अखबार 'महाज' की माली (आर्थिक) मदद के लिए 'शबे अफसाना व मुशाइरा' दूसरे शहरों में भी किए आयोजनों से वह एक खास रकम पहले ही ले लेते थे और फिर अपनी जिम्मेदारी पर बगैर किसी फीस के शाइरों और कहानीकारों को बुला लेते थे। उन बन्ने भाई को भला कौन मना करता, ऐसे कई प्रोग्रामों में मैंने खुद शिरकत की। दीगर लोगों में ख्वाजा अहमद अब्बास, साहिर लुधियानवी, जांनिसार अख्तर, गुलाम खानी तावी, अजमल अजमली, अनवर अजीम वगैरा! मेरी उनसे आखिरी मुलाकात मास्को में हुई। जून 1973 में इंडो सोवियत कल्चरल सोसाइटी के एक डेलीगेशन में सोवियत यूनियन गया। वहाँ चंद रोज कबल सज्जाद ज़हीर और फ़ैज़ भी पहुँचे थे। मैं और प्रोफेसर यूनिस रज़ा एक कमरे में ठहरे हुए थे। जैसे ही उन्हें खबर लगी, वह हम लोगों से मिलने आए। उनका प्रोग्राम कुछ दिन बाद अपनी बेटी नजमा बाकर के पास लंदन जाने का था। जो वहाँ कोई कोर्स कर रही थी। सितंबर में उन्हें कजाख्स्तान आना था, अफ्रोएशियाई कान्फ्रेंस में शिरकत करने।

वह बहुत हश्शाश बश्शाश थे। कई और बातों के अलावा उन्होंने बताया कि कान्फ्रेंस से वापसी पर मैं पाकिस्तान होते हुए हिंदुस्तान आऊँगा। इंदिरा गाँधी ने एक खुसूसी पैग़ाम दिया है और अब दोनों मुल्कों के ताल्लुकात जल्द बहाल होने की उम्मीद है। हमारा डेलीगेशन 30 जून 73 को हिंदुस्तान वापस आया। कजाकिस्तान के सदर मुकाम में अफ्रोएशियाई कान्फ्रेंस के दौरान ही 13 सितंबर 1973 की सुबह नाश्ते की मेज पर उन्हें दिल का दौरा पड़ा जो जानलेवा साबित हुआ। एक कुहराम मच गया।

मुझे वह मंजर अब भी याद है जब सज्जाद ज़हीर सबके प्यारे बन्ने भाई के जनाजे के साथ उनके जेल में साथी फ़ैज़ अहमद फ़ैज भी आए थे। बिल्कुल हवास

बाख्ता। विंडसर प्लेस पार्टी आफिस में उनका जनाजा लाकर रखा गया। उन्हें जामिया मिलिया इस्लामिया के कब्रिस्तान में दफन किया गया। उन्हीं की एक नज़्म है–

मोहब्बत की मौत

तुमने मोहब्बत को मरते देखा है
चहकती हँसती आँखें पथरा जाती है।
दिल के दलानों में परीशां गर्म हवा के झक्कड़ चलते हैं
गुलाबी एहसास के बहते सोते खुश्क
और लगता है जैसे
किसी हरी भरी खेती पर पाला पड़ जाए
लेकिन यारब।
आर्जू के इन मुर्झाए सूखे फूलों,
इन गुमशुदा जन्नतों से
कैसी संदल
दिल आवेज़
खुशबूएँ आती हैं!

अनुवाद–शकील सिद्दीकी

एक धारा दो किनारे

❑ नूर जहीर

"अब ये तुमसे चौथी बार कह रहे हैं। आर्टिकल हो गया हो तो हमें दे दो। हम अभी एक कापी बना देते हैं, वरना तो यह वाला भी भेज दोगे और पहले वालों की तरह इसकी भी कोई कापी हम लोगों के पास नहीं रहेगी।" अब्बा की लिखने की मेज की तरफ से अम्मी के इसरार का कोई जवाब नहीं आता। उनकी चौड़ी पीठ मेज पर झुकी रहती, सुत्वां उँगलियाँ कलम थामे, शफाफ सफे पर खूबसूरत हुरूफ बनाती रहतीं, आँखें तवज्जो में जरा सिकड़ी रहतीं। हाँ होठों से लगे सिगरेट की लंबी होती हुई राख, शायद तंग आकर खुद ही ऐशट्रे की तलाश में उनके कुर्ते या कागजों पर झड़ जाती।

जब मैंने इस मकाले के बारे में सोचना शुरू किया तो रह-रहकर यह ख्याल आया कि अब्बा का वजूद मेरे लिए बगैर अम्मी के अधूरा है। जब ये तय किया तो अम्मी और अब्बा की शख्सियतों के बारे में मिलाकर कुछ लिखा जाए तो पाया कि अम्मी अब्बा तो एक-दूसरे से बिल्कुल अलग थे, फिर उनके बारे में एक साथ कैसे और क्यों कर लिखा जाए।

मसलन अम्मी को गुस्सा बहुत जल्दी आ जाता था। उनकी अलमारी से कोई चीज निकाल लीजिए, मेज पर से कागज या कलम उठा लीजिए या फिर बावर्ची खाने में कुछ पकाने की गलती कर बैठिए तो बस "जब चीजें सलीके से निकालना नहीं आता तो मेरी अलमारी छूती क्यों हो। सारी उधन दी...रहने दो रहने दो। तुम से बड़ा ठीक होगा फूहड़ बीवी, हाथ लगाती हो या पंजे मारती हो?" अब्बा के यहाँ इसका बिल्कुल उलटा था। जैसे उनकी शख्सियत अभिनवगुप्त के नाटक शास्त्र को उलटा साबित करने के लिए गढ़ी गई हो, नव रसों में से एक, यानी क्रोध, उनके यहाँ नदारद था।

एक सेमिनार में चाय के वक्फे में मैं एक कोने में दो लोगों की आड़ में खड़ी थी। इन दोनों को बार-बार मैंने ऊटपटांग सवाल करते, तकरीरों पर फिकरे कसते और बेतुके ढंग से हँसते देखा था। फिर नामवर चचा और तकी भाई का अब्बा से आँखों आँखों में सवाल भी देखा—क्या इन दोनों को बाहर का रास्ता दिखाया जाए? और डायस पर से अब्बा का जवाबी इशारा—नहीं कुछ मत करो। कोने में खड़े, चाय पीते हुए उनमें से एक ने कहा, "अमां तुम तो बड़ी डींगें हाँक रहे थे, सेमिनार बिखरा दोगे, रेजोलुशन पास नहीं होने दोगे। कुछ कर तो पाए नहीं।" दूसरे ने जवाब दिया, क्या करूँ यार, ये सज्जाद ज़हीर को गुस्सा ही नहीं आता। तुम देख तो रहे हो कितनी कोशिश कर रहा हूँ, पर यह है कि मुस्करा भर देते हैं बस!

मुझे मालूम नहीं सीआई को पीडब्ल्यूए के मामले में वाकई हिंदुस्तान में कोई वजूद था या नहीं। कुछ लोग वैसे भी बनी बनाई बात को बिगाड़ने में मजा लेते हैं। शायद ये दोनों उनमें से रहे हों। जो अब्बा हो, सेमिनार बगैर किसी गड़बड़ या कड़वाहट के मुकम्मल हुआ।

अम्मी और अब्बा दोनों का कागजों से रिश्ता हबीबी था। लेकिन इस मामले में भी दोनों एक-दूसरे से बिल्कुल अलग थे। अब्बा, दस्तावेज सँभालने में माहिर थे और भी छोटी सी लाल डायरी में, उससे भी छोटी घूमने वाली सुनहरी पेंसिल से, उनसे और भी छोटी लिखाई में कागजों का अतापता नोट करते रहते। हजारों कागजों के ढेरों में से खोए हुए दस्तावेज का यूँ पता लगा लेते जैसे दूर तक फैले कीचड़ में कोई बंगाली मछुआरा, दबे हुए कछुए की तलाश कर लेता है। अम्मी का यह आलम था कि तीन महीने में एक बार उन्हें अपनी मेज और दराजों को साफ करने का ख्याल आता। सफाई का उनका अजीब तरीका था। कागज फेंकती भर नहीं थीं। उन्हें फाड़ देती थीं और क्या तेजी दिखातीं, यह उठाया वह फाड़ा तो उठाया ये फाड़ा। अक्सर बेकार के कागज कम और काम के ज्यादा फटते। एक बार तो लिफाफे के साथ तीन सौ-सौ के नोट भी पुरजा-पुरजा हुए।

अब्बा उनकी सफाई के दौरे से बेहद खौफ खाते थे। दो-तीन बार जरूरी दस्तावेज खोने के बाद उन्होंने एक फैसला किया। अम्मी की सफाई की भनक मिलते ही वो सारे अपायंटमेंट कैंसिल करके अपने लिखने-पढ़ने के कोने में जम जाते। अम्मी आतीं, कागज उठाती, फाइलें खिसकातीं "यहाँ भी सफाई हो जाती तो अच्छा होता, सुनते हो ये सब कागज काम के हैं?" जैसे टोह लेने वाले फिकरे अब्बा की तरफ उछालतीं। अब्बा बस 'हूँ' में जवाब देते। कहने को तो वे कुछ पढ़ रहे होते थे और जहाँ उनकी उँगलियाँ फाइलें खोलतीं कि वो "अरे-अरे, ये सब तो अगले सेमिनार के कागजात हैं। एक आर्टिकल जरूरी है। इन्हें अभी मत छूना।" आखिर में अम्मी

बड़बड़ाती हुई "इस घर में तो दिवाली की सालाना सफाई भी नहीं होती" हथियार डाल देतीं।

लिखने के तरीके में जो दोनों में बड़ा फर्क था। अम्मी के पास लखनऊ में और बाद में दिल्ली में भी एक बाकायदा मेज थी। मोटी सस्ती लकड़ी की बनी, दो दराजों वाली जिनके ताले कभी नहीं लगते थे—उन्हीं के लफ्जों में बगैर टीम तक की मेज रेलवे के बाबुओं की मेजों की तरह ढाई इंच का मार्जिन छोड़े, हरा रैक्सीन चढ़ी मेज। यूँ तो अम्मी अपना तख्लीकी काम आलती पालती मारकर, तख्ती पर किया करतीं। फिर भी मेज का मुस्तकिल इस्तेमाल तर्जुमा, खतो किताब और कहानियों की सफाई के लिए होता। दिल्ली के हौज खास के घर में पहले पहल तो अब्बा के पास मेज थी ही नहीं। नाश्ते के बाद खाने की मेज साफ कर दी जाती और इसी पर अब्बा अपने कागजात फैला लेते। फिर एक दिन क्या देखते हैं कि तकी भाई चले आ रहे हैं। उनके पीछे-पीछे एक हाथ में कोई दो फुट बाई तीन फुट्टा का लकड़ी का फल और दूसरे हाथ में औजारों का थैला लिए एक बढ़ई चला आ रहा है। अब्बा ने उन दोनों का ऐसा इस्तेकबाल किया जैसे वो कोई परदेसी कामरेड हो, जो अपने मुल्क में कामयाब इंकलाब ला चुके हों। खिड़की के पास रखे पुराने लकड़ी के शेल्फ को बढ़ई ने अच्छी तरह ठोक बजाकर सिर हिलाते हुए बोला, "नहीं साब, उलट जाएगा।" अब्बा की चमकती हुई आँखो में मायूसी छा गई। पर तकी भाई की सलाहियतें लिखने पढ़ने तक महदूद नहीं थीं। हलकी फाइल हटाकर मार्क्स और लेनिन के कम्पलीट वर्क्स शेल्फ में जमाते हुए, नाक पर चश्मा ठीक करते हुए बढ़ई से बोले "अब?" इतनी भारी भरकम किताबों की मौजूदगी में उलट जाए ऐसी उस शेल्फ की क्या मजाल। लकड़ी का फट्टा तिरछा करके शेल्फ से जोड़ दिया गया और वही अब्बा की मेज हो गई। जब कमरे में लोग ज्यादा हो जाते जो कि अक्सर होता था, उस मेज को गिरा दिया जाता। अब्बा की खुशी भरी पुकार पर अम्मी अपना काम छोड़कर आईं और मेज की खूब तारीफ की। मैंने अक्सर अब्बा की आराम या जरूरत की चीजें ना मुहैया हो पाने पर अम्मी की आँखों में नमी देखी थी। उस दिन भी जब वो मेज से मुड़ीं तो अब्बा की नजर बचाकर कुछ सितारे उनकी आँखों से टूटकर आँचल में जज्ब हो गए। अब्बा के पास इस तरह जज्बाती होने का वक्त नहीं था। काम होना चाहिए। सीधा मेज न हो न सही तो तिरछी चलेगी, मुस्तकिल न हो तो फोल्डिंग क्या बुरी है।

सुबह सात बजे से अब्बा उस मेज पर बैठते, बीसियों खतों का जवाब देते, मकाले लिखते। ओथेलो और कैनडिड का तरजुमा उसी पर किया और अपनी दास हयात भी उसी पर शुरू की। कुछ समय बाद अब्बा के लिए अम्मी ने एक और मेज भी खरीदी, सस्ती सी बेंत की गोल मेज जिसका एक पाया बाकी तीनों से छोटा

था। जिसे अब्बा तेमूर लंग कहा कहते थे और मेरी इस बात पर अक्सर तारीफ करते कि एक मैं ही हूँ जो अखबार मोड़कर इस पाए के नीचे लगाकर मेज को न डगमगाने पर राजी करा सकती हूँ। मगर उनकी मुस्तकिल मेज तो दो फुट बाई तीन फुट का फट्टा ही था। अब्बा के इंतकाल के बाद कई सालों तक वो फटरा अम्मी के साथ घर बदलता रहा। फिर वक्त के बहाव में कहीं गतरबूद हो गया। शायद जरूरत खत्म हो जाने पर उसके टुकड़े करके किसी और ज्यादा अहम काम में ले आया गया होगा।

सज्जाद ज़हीर एक छोटी-सी याद

❑ दर्शक

14-20 नवंबर, 2004 के 'मुक्ति संघर्ष' में केवल गोस्वामी द्वारा लिखी रिपोर्ट 'सज्जाद ज़हीर जन्मशती समारोह प्रारंभ' पढ़ी। यह जानकर अच्छा लगा कि प्रगतिशील लेखक संघ अपने संस्थापक का जन्म शताब्दी वर्ष मना रहा है। वर्तमान में रह रहे लोगों का कर्त्तव्य बनता है कि वे अपने पूर्वजों और उन द्वारा किए गए अच्छे कामों को याद करें और उनके द्वारा किए गए कार्यों को आगे बढ़ाएँ और पूरा करें। काश मैं उस जलसे में शामिल हुआ होता। पर मुझे पता ही नहीं चल पाया। अतः चंद शब्द लिखकर ही उस महान इंसान को अपनी श्रद्धांजलि भेंट करना चाहता हूँ।

मेरे दिल में भी उनकी एक छोटी-सी याद सुरक्षित है। उन्होंने मुझे एक पत्र लिखा था। यह शायद 1959 की बात है।

हुआ यूँ था।...1957 तक मेरा झुकाव कांग्रेस पार्टी की तरफ था। 1957 के आम चुनावों में कम्युनिस्ट पार्टी को देशभर में जो अच्छा समर्थन मिला, केरल विधानसभा में तो उसे पूर्ण बहुमत मिल गया था, उसका मुझ पर बहुत प्रभाव पड़ा। तब तक मैं डाकतार कर्मचारी संघ में भी काम करने लगा था और कुछ अच्छे साथियों से मेरा संपर्क हो चुका था। धीरे-धीरे मेरा झुकाव कम्युनिस्ट पार्टी की ओर होने लगा।

केरल की कम्युनिस्ट सरकार आम लोगों की भलाई के लिए बहुत अच्छे काम कर रही थी। इस डर से कि कहीं उसके अच्छे कामों से प्रभावित होकर दूसरे प्रदेशों में भी कम्युनिस्टों का प्रभाव न बढ़ जाए, कांग्रेस की केंद्रीय सरकार ने साजिश करके उसे भंग कर दिया। केंद्रीय सरकार के इस अन्यायपूर्ण कदम का देश भर में जबर्दस्त विरोध हुआ। इसी सिलसिले में दिल्ली में एक बहुत बड़ा जुलूस निकला था। मैं वह जुलूस देखने गया था। बाद में उसमें शामिल भी हुआ था। उस जुलूस का आँखों

देखा हाल लिखकर मैंने 'अवामी दौर' उर्दू साप्ताहिक में, जिसे तब मैं नियमित रूप से पढ़ता था और जो मुझे बहुत अच्छा लगता था, प्रकाशित होने के लिए भेज दिया। शुरू में मैं उर्दू में ही लिखा करता था। मुझे बहुत खुशी हुई जब वह कहानी 'जुलूस' शीर्षक से 'अवामी दौर' में प्रकाशित हो गई। वह मेरी पहली रचना थी, जो पार्टी के किसी पत्र-पत्रिका में छपी थी। लेकिन उस समय तो मेरी प्रसन्नता की हद ही नहीं रही जब कुछ दिन बाद मुझे 'अवामी दौर' के संपादक सज्जाद ज़हीर साहब का पत्र मिला; मुझे आज भी याद है, पत्र काफी लंबा था और अंतर्देशीय पर अरबी लिपि में लिखा था। अक्षर कैसे थे, अब ठीक से याद नहीं, शायद अच्छे थे और पत्र शायद हरी स्याही से लिखा गया था। न जाने मैंने कितनी बार पत्र पढ़ा मेरा दिल खुशी और उत्साह से भर उठा था। सज्जाद ज़हीर साहब ने लिखा था कि मेरी कहानी उन्हें अच्छी लगी। उन्हें लगा ही नहीं कि यह किसी नए लेखक की रचना है। आगे लिखा था कि मुझे लिखते रहना चाहिए और प्रगतिशील लेखक संघ की बैठकों में आना चाहिए।...और भी कई बातें लिखी थीं, पर मुख्य बातें यही थीं।

आज वह पत्र मेरे पास नहीं है। एक बार छुट्टी पर गाँव गया तो तकरीबन दो महीने तक कमरा बंद रहा। लकड़ी की रैक पर रखे कागज-पत्रों को सेंक लग गई और कई जरूरी कागज-पत्र नष्ट हो गए, जिनमें सब से मूल्यवान वह पत्र भी था। आज भी किसी पत्र को देखकर मुझे उसका स्मरण हो आता है। और फिर स्मरण हो आता है उसके लेखक सज्जाद ज़हीर साहब का, जो इतने अच्छे थे कि बिल्कुल नए लेखकों को पत्र लिखते थे, उन्हें लिखने के लिए प्रेरित करते थे, उनका उत्साह बढ़ाते थे।

उस महान आत्मा को शत-शत प्रणाम।

सज्जाद ज़हीर के नाम

❑ फ़ैज़ अहमद फ़ैज़

न अब हम साथ सैरे-गुल[1] करेंगे
न अब मिलकर सरे-मक़्तल[2] चलेंगे
हदीसे-दिलबराँ बाहम करेंगे[3]
न ख़ूने-दिल से शरहे-ग़म[4] करेंगे
न लैला-ए-सुख़न[5] की दोस्तदारी
न गुमहा-ए-वतन पर अश्कबारी[6]
सुनेंगे नग्मए-ज़ंजीर[7] मिलकर
न शब-भर मिलके छलकायेंगे सागर

ब-नामे-शहिदे-नाजुकख़यालाँ[8]
ब-यादे-मस्तिए-चश्मे-ग़िज़ालाँ[9]
ब-नामे-इम्बिसाते-बज़्मे-रिन्दाँ[10]
ब-यादे-कुल्फ़ते-अय्यामे-ज़िन्दाँ[11]

सबा[12] और उसका अन्दाज़े-तकल्लुम[13]
सहर[14] और उसका अन्दाज़े तबस्सुम[15]

फ़िज़ा में एक हाला-सा[16] जहाँ है
यही तो मसनदे-पीरे-मुग़ाँ[17] है
सहरगह[18] अब उसी के नाम, साक़ी
करें इत्मामे-दौरे-जाम,[19] साक़ी

बिसाते-बादा-ओ-मीना उठा लो
बढ़ा दो[20] शम्ए-महफ़िल, बज़्मवालो
पियो अब एक ज़ामे-अलविदाई
पियो, और पीके सागर तोड़ डालो

संदर्भ

1. बाग़ की सैर करेंगे, अर्थात् सौंदर्य और कला का साथ-साथ आनन्द लेंगे 2. शहादत के स्थान तक 3. न तो चित्ताकर्षक प्रेमिकाओं के आख्यान या अफ़साने एक-दूसरे को सुनाएँगे 4. और न दिल के खून से दुख-दर्द की व्याख्या करेंगे 5. काव्यरूपी लैला 6. वतन के दुखड़ों पर आँसू बहाना 7. बन्दीगृह में पाँवों की बेड़ियों का संगीत 8. कोमल भावनाओं-कल्पनाओं में निहित प्रेमिकाओं के नाम 9. मृगनयनियों की मस्ती की याद में 10. रिन्दों की महफिल की मस्ती और आनंद के नाम पर 11. जेल की मुसीबतों की याद में 12. मलयानिल 13. बात करने का अन्दाज़ 14. भोर, प्रभात 15. मुस्कान का आरंभ 16. प्रभामंडल-सा 17. मस्तों के गुरु की मसनद (आसन) 18. भोर बेला में 19. जाम का दौर समाप्त करें 20. गुल कर दो, बुझा दो

'रक़्सेशरर' (चिनगारियों का नाच)

❑ अली सरदार जाफरी

सारी इंसानियत एक तड़पता हुआ शोअला है/और अफ़राद चिनगारियाँ हैं/जिनके सीनों में कितने ही बेबाक व बेताब शोअले/परवरिश पा रहे हैं/इस तड़पते हुए शोअले से जितनी चिनगारियाँ टूटती हैं/उतनी ही चिनगारियाँ फूटती हैं/इस तरह ज़िंदगी/गुलब आगोश चिनगारियों से/हर घड़ी/एक नया और महकता हुआ हार अपने लिए गूँधती हैं/कुछ तो चिंगारियाँ ऐसी हैं जो भड़कती नहीं हैं, तड़पती नहीं हैं/उड़ती हैं और नाचकर एक लम्हे में खो जाती हैं/मौत की सर्द आगोश में जा के सो जाती हैं/लेकिन ऐसी भी कितनी चिनगारियाँ हैं जिनके सीनों में शोअले भड़कते हैं और खारोखस पर लपकते हैं और बुझते-बुझते भी दुनिया व इंसानियत को/रंग और नूर के एक तूफान में गर्क कर जाते हैं/गर्मीए बज्म सिर्फ एक रक़्से शरर तक नहीं है।

सज्जाद ज़हीर ऐसी ही एक चिनगारी थे। मैं सज्जाद ज़हीर से पहली मर्तबा 1936 के दौरान देहली में मिला था। जहाँ बाएँ बाजू की कूवतों ने 1935 के 'गवर्नमेंट ऑफ इंडिया एक्ट' के खिलाफ़ एहतिजाज (प्रदर्शन) करने के लिए एक जलसाए-आम मुअक़्क़िद किया था। हम दोनों वहाँ तकरीरें करने के लिए आए थे। मैं स्टुडेंट तहरीक की नुमाइंदिगी कर रहा था और वह कांग्रेस पार्टी की या हो सकता है हिंदुस्तानी कम्युनिस्ट पार्टी की, जो उन दिनों गैर कानूनी थी। अंजुमन तरक्की पसंद मुसन्निफ़ीन (प्रगतिशील लेखक संघ) के बानी की हैसियत से और उर्दू अफ़सानों के सनसनीखेज़ क्लेक्शन ''अंगारे'' के एक मुसन्निफ़ (लेखक) की हैसियत से सज्जाद ज़हीर मशहूर हो चुके थे। ब्रतानिवी हुकूमत ने रजअत परस्तों और पुरातन पंथियों के दबाव में आकर अंगारे को ज़ब्त कर लिया था। फिर भी कहानियों का यह मजमूआ हमारे

अदब का एक मोड़ बन गया। सज्जाद ज़हीर ने एक होनहार शायर की हैसियत से मेरा नाम सुन रखा था, जिसे रेडिकल ख्यालात रखने के जुर्म में अलीगढ़ मुस्लिम यूनिवर्सिटी से निकाल दिया गया था। हममें फौरन दोस्ती हो गई, जो 37 बरस, उनकी ज़िंदगी के आख़िरी दिन तक कायम रही।

मुझ पर उनका पहला तास्सुर बहुत ही खुशगवार था, वह पुरखुलूस, मोहब्बती और नर्मगुफतार नौजवान नजर आए। उनके हाथ बहुत ही खूबसूरत और हस्सास (संवेदनशील) थे। कलम या चम्मच, प्याली या किताब उठाने में उनके हाथों की धीमी हरकत से उनमें एक खास कशिश पैदा हो जाती थी, सालों बाद मशहूर गुजराती शायर उमाशंकर जोशी ने मुझसे उन हाथों की खूबसूरती की तारीफ की। उन्होंने कहा कि जब वह सज्जाद ज़हीर से पहली बार मिले तो जी चाहा कि उनके हाथों को बस देखते ही रहें।

मुझे याद नहीं कि मैंने उन्हें बन्ने भाई कहना कब शुरू किया। वह मुझसे आठ साल बड़े थे। पहली मुलाकात के दो साल बाद हम फिर यकजा हुए। मैंने 1938 में लखनऊ यूनिवर्सिटी में दाखिला लेने के लिए देहली यूनिवर्सिटी छोड़ दी। बन्ने भाई उस ज़माने में लखनऊ और इलाहाबाद में रहते थे और कुँवर डॉक्टर मोहम्मद अशरफ और डॉक्टर जेड. ए. अहमद के साथ आल इंडिया कांग्रेस कमेटी के दफ्तर में जवाहर लाल नेहरू की रहनुमाई में काम करते थे जो बन्ने भाई से खास लगाव रखते थे। बन्ने भाई के सारे बड़े भाई खूब पैसा कमा रहे थे लेकिन बन्ने भाई ने सियासी व तहजीबी काम को तरजीह दी और इन्हीं सरगर्मियों के लिए अपनी सारी ज़िंदगी वक्फ कर दी। उन दिनों कम्युनिस्टों को नए जमाने के औलिया समझा जाता था, जिन्हें अपनी मुफिलसी पर नाज था।

उस जमाने में हमने तीन छोटी-छोटी किताबें शाया कीं—सज्जाद ज़हीर का मुख्तसर नावेल 'लंदन की एक रात', मजाज की नज़्मों का मज्मूआ 'आहंग', हयातुल्लाह अंसारी की कहानियाँ 'अनोखी मुसीबत' और मेरी कहानियों का मज्मूआ 'मंजिल'। बाद में मैंने कहानियाँ लिखना छोड़ दिया और पूरी तरह शायरी का हो रहा। इन किताबों से लैस होकर हम तरक्की पसंद मुसन्निफीन (प्रगतिशील लेखकों) की दूसरी कुल हिंद कान्फ्रेंस में शिरकत करने के लिए दिसंबर 1938 में कलकत्ता पहुँचे। जहाँ कृश्न चंदर भी अपनी पहली किताब लेकर आए थे। हम शाइस्ता बंगाली अदीब सुधींद्रनाथ दत्त के बड़े से घर में ठहरे थे। जिन्होंने हमारी मेहमानवाजी में कोई कसर उठा न रखी। वहीं हमारी मुलाकात एक बहुत ही अच्छे आली मजाक शायर विष्णु डे और नौजवान बागी बुद्धिदेव बोस से हुई। हमें असल मुसर्रत (खुशी) इसकी थी कि इसी सफर में हम जेमिनी राय और उनकी तस्वीरों (पेंटिंग्स) से रूशिनास हुए जो हमारे लिए किसी बड़ी उपलब्धि से कम न था। उनके चित्रों की किसी हद तक अतिरंजनापूर्ण खूबसूरत बंगाली आँखों ने, जिनमें लोककला की झलक मिलती थी,

सचमुच हमारी रूह को बेदार कर दिया।

कान्फ्रेंस का इफ़्तिताह गुरुदेव टैगोर करने वाले थे, जिन्होंने किसी गलतफहमी के तहत अपना इफ़्तिताही खुत्बा (उद्घाटन भाषण) बंगाली में लिखा था। इसलिए डॉक्टर मुल्कराज आनंद को और मुझे यह काम सिपुर्द किया गया कि हम टैगोर से मुलाकात करें और यह दरख्वास्त करें कि वह अपना भाषण अंग्रेजी में लिखें। जब हम उनकी कदमबोसी के लिए शांति निकेतन गए तो गुरुदेव ने कहा कि उन्हें न तो नया खुत्वा लिखने की फुर्सत है और न जो वह लिख चुके हैं उसे अंग्रेजी में अनुवाद करने का वक्त। अलबत्ता उन्होंने चंद बंगाली अदीबों के नाम बताए जो यह काम कर सकते थे, इनमें प्रोफेसर हीरेन मुखर्जी का भी नाम था और फिर अचानक उन्होंने एक नौजवान बंगाली अदीब का नाम लिया और झुँझलाई हुई आवाज में कहा "उससे मेरे भाषण का अनुवाद करने को मत कहना। जानते हो तुम लोग वह बत्तीस साल का है और चालीस किताबों का लेखक है।" हमने उन्हें इंकसारी के साथ बताया कि उर्दू के जो लेखक इस कान्फ्रेंस में शिरकत करने आए हैं, वो सिर्फ एक-एक किताब के मुसन्निफ हैं, तो वह मुस्कुरा दिए।

कलकत्ता कान्फ्रेंस एक बड़ा खुशगवार तज्रिबा थी। बन्ने भाई वहाँ रजिया के साथ शादी के फौरन बाद ही आए थे। रजिया एक नौजवान दुबली-पतली लड़की थी जिन्हें देखकर हाफिज का शेर याद आता था। तरक्की पसंद तहरीक में यह रजिया का पहला दाखिला था। देखते ही देखते वह नौजवान दुल्हन से रजिया आपा बन गई, उस बन्ने भाई की रफीका (साथी) जिसने अपने गिर्द हिंदुस्तान के कोने-काने से मुम्ताज़ अदीब और होनहार नौजवान जमा कर लिए थे। जिन लोगों ने इस तहरीक (आंदोलन) की सरपरस्ती की उनमें गुरुदेव टैगोर, अल्लामा इकबाल, जवाहरलाल नेहरू, सरोजिनी नायडू, वल्लथोल और मुंशी प्रेमचंद जैसी हस्तियाँ थीं। सितंबर 1939 में दूसरी जंगे अजीम छिड़ गई। पहले बन्ने भाई गिरफ्तार किए गए। फिर शुरू दिसंबर 1940 में मुझे भी गिरफ्तार कर लिया गया, मुझे लखनऊ के सेंट्रल जेल में रखा गया जहाँ मैं बन्ने भाई के बड़े भाई डॉक्टर हुसैन जहीर और कांग्रेसी लीडर चंद्र भानु गुप्ता के साथ था। बन्ने भाई सेंट्रल जेल में बंद थे। दोनों जेलों के बीच बस एक दीवार हायल थी। जिस दिन मैं वहाँ पहुँचा उसी दिन एक हमदर्द वार्डन ने एक छोटा-सा पुर्जा लाकर दिया। जो बन्ने भाई ने मुझे भेजा था और कैदखाने में मेरा खैरमकदम (स्वागत) किया था। अब तहरीरों की आमदोरफ्त शुरू हो गई जो आमतौर पर अदब और शाइरी के बारे में हुआ करती थी। एक बार एक तहरीर जेलर ने पकड़ ली। उसने कीट्स का नाम भी न सुना था। वह यह समझा कि यह किसी बड़ी साजिश के लिए शिनाख्त का नाम है। जब मैंने किताब खोलकर उसे दिखाई और उसे कीट्स का एक सानेट पढ़कर सुनाया तब उस अहमक ने मेरी जान छोड़ी...

बन्ने भाई के लिए और हम सब के लिए खुशी का एक अजीम लम्हा जेल खाने से छूटने के बाद 1941 के आखिर में आया। आल इंडिया रेडियो के लखनऊ स्टेशन ने तरक्की पसंद शोअरा का एक मुशायरा आयोजित किया। यह अपने किस्म का पहला मुशायरा था जिसे नए शाइरों का मुशायरा कहा गया, जिसमें मजाज़, फ़ैज़, मख्दूम, जांनिसार अख्तर, जज्बी को और मुझे शिरकत के लिए बुलाया गया। लखनऊ के असातिजा (उस्ताद) श्रोताओं में थे। प्रोग्राम बेहद कामयाब रहा। तरक्की पसंद अदब बालिग हो गया था।

अगले साल 1942 में पी.सी. जोशी ने जो उस वक्त हिंदुस्तानी कम्युनिस्ट पार्टी के जनरल सेक्रेट्री थे, मुझे पार्टी के उर्दू हफ्तावार 'कौमीजंग' के एडिटोरियल स्टाफ में काम करने के लिए बंबई आने की दावत दी। मैं 21 जून 1942 को बंबई पहुँचा। चंद दिनों में बन्ने भाई भी बंबई पहुँच गए और हम दोनों ने पार्टी के पहले उर्दू रिसाले का पहला शुमाया (अंक) निकाला। यह हमारे साथ रहने और काम करने की सबसे तवील मुद्दत का आगाज़ था। कुछ दिनों बाद डॉक्टर अशरफ भी आ गए। फिर सिब्ते हसन आए और फिर कैफ़ी आज़मी, अली अशरफ़, मोहम्मद मेंहदी, जोए अंसारी, कलीमुल्लाह और बहुत से दूसरे लोग, हम पार्टी कम्यून में रहते और खाते थे, जिसका नाम न जाने क्यों 'राजभवन' था। हमारी माहाना उज्रत चालीस रुपए थी। बन्ने भाई एक अलग घर में बालकेश्वर रोड पर रहते थे। हम मजामीन लिखते, कॉपियाँ जुड़वाते, उन्हें प्रेस ले जाते और जब अखबार छप जाता तो पूरी एडिटोरियल टीम हाकर बन जाती और सड़कों पर चीख़-चीख़कर अखबार बेचती। इससे अवाम में बड़ा गहरा असर पड़ा। पार्टी कम्यून की खबर सारे मुल्क में फैल गई। महात्मा गाँधी ने भी इसमें दिलचस्पी जाहिर की। जिन अदीबों का पार्टी से सीधे तअल्लुक नहीं भी था, वो भी आते और हमारे साथ चंद दिन रहते और कम्युनिस्ट रफाकत का खुशगवार तज्रिबा साथ लेकर वापस जाते। फ़ैज़ फ़ौज में भर्ती हो गए थे फिर भी वह एक दिन के लिए आए। मजाज हमारे साथ चंद महीने रहे और उन्होंने अखबार में काम भी किया। उनकी उज्रत सिर्फ चाय और खाना थी। इससे ज्यादा का उन्होंने कोई मुतालिब नहीं किया। जोश मलिहाबादी और सुमित्रानंदन पंत भी कभी-कभी आ जाते। वो पी.सी. जोशी के दोस्त थे। जोश ने पार्टी के लिए बहुत-सी नज्में लिखीं।

1942 से 1948 तक तरक्की पसंद अदीबों की तहरीक का सुनहरा दौर था जो सारी ज़बानों तक फैला हुआ था और उसने अदब का बहुत बड़ा और बहुत अच्छा जखीरा पेश किया। हिंदुस्तान में इतनी जबरदस्त कल्चरल तहरीक इससे पहले कभी नहीं उठी हमारी तहरीके आजादी से इसका गहरा रिश्ता था। 'तरक्की पसंद' (प्रगतिशील) का लफ़्ज बाअसे इफ़्तिखार बन गया। बन्ने भाई की शख्सियत और एक बनजरिया तहरीक की उनकी परिकल्पना के गिर्द उर्दू के छोटे बड़े तकरीबन

सारे अदीब जमा हो गए। वो लोग भी जो हमसे मुत्तफ़िक नहीं थे जैसे जिगर मुरादाबादी हमारा बहुत एहतराम करते थे और बाबाए उर्दू डाक्टर अब्दुल हक भी...कम्युनिस्ट दुश्मन नौजवान अदीबों की भी एक जमात थी जो हमें पसंद नहीं करती थी और प्रयोगवादियों का भी एक गिरोह था जो फन और अदब को किसी भी नजरिए का असर लेने के खिलाफ़ थे।

सज्जाद ज़हीर का घर सीकरी भवन, हमारी अदबी सरगर्मियों का मरकज था, वहीं तरक्की पसंद अदीबों के हफ्तावार जलसे होते, नई नज्में, कहानियाँ और मजामीन पढ़े जाते, उन पर बहस व मुबाहिसा होता, तन्कीद होती, जिसकी रिपोर्ट उर्दू रिसालों (पत्रिकाओं) में छपती। इससे उर्दू की, तखलीको तहरीर (सृजन-लेखन) पर बहुत गहरा असर पड़ा। कुछ अजीब इत्तफाक था उन दिनों उर्दू के बहुत से सफे अव्वल (प्रथम पंक्ति) के अदीब बंबई और पूना में आ गए थे, कृश्न चंदर, ख्वाजा अहमद अब्बास, इस्मत चुग़ताई, मजाज़, महेंद्र नाथ, मजरूह सुलतानपुरी, साहिर लुधियानवी, कैफ़ी आज़मी, अख्तरूल ईमान, सिब्तेहसन, जोश मलिहाबादी, साग़र निज़ामी और दूसरे लोग। ये सब लोग तो तरक्की पसंद थे, लेकिन जो लोग हमसे इख्तलाफ़ रखते थे, हमारे जलसों में वो लोग भी शरीक होते। उस वक्त हिंदुस्तानी स्टेज पर 'इप्टा' छाया हुआ था और अदबी दुनिया में अंजुमन तरक्की पसंद मुसन्निफ़ीन यानी पी.डब्लू. ए. का बोलबाला था। बन्ने भाई इसके सेक्रेट्री थे और सुल्ताना उनकी सेक्रेट्री थीं।

हम दिन में पार्टी आफिस में काम करते थे। और शाम को फन व अदब पर चर्चा करते। हम मार्क्सवाद की रोशनी में क्लासिकी उस्तादों की शायरी की कदरोकीमत तय करने की कोशिश करते और इस तरह के सवालात के जबाव ढूँढ़ने की कोशिश करते कि ग़ालिब और मीर, तुलसी और कबीर कैसे हमें, हमारे चिंतन को दिशा दे सकते हैं। अदब के स्थायी मूल्य क्या हैं? हम रेंबो, मलारमे और बोदलियर की फनकाराना खूबियों पर लंबी बहसें करते, ये शायर फ्रांस की पतनशील प्रवृत्तियों के नुमाइंदों की हैसियत से मशहूर थे। बन्ने भाई ने असल फ्रांसीसी में इन्हें पढ़ा हुआ था। मैंने अंग्रेजी तर्जुमा पढ़ा था। हमारी बहसों में काफ्का का नाम अक्सर आ जाता था।

मुसव्विरी (चित्रकला) के बारे में बन्ने भाई मुझसे बेहतर इल्म और समझ रखते थे। उन्हें सीजान, गौगान और पिकासो की तख्लीकात पसंद थीं और रेंबो, मलारमे और बोदलियर को वह नापसंद करते थे। फ्रांसीसी जवाल पसंदों (पतनवादियों) की मजम्मत करते हुए उन्होंने एक मज्मून लिखा—'शेर महज़' लेकिन इसमें कोई अजीब बात नहीं है। अक्सर ऐसा होता है कि आदमी अपने लिए अपना एक भिन्न दूसरों से अलग और निजी सौंदर्य लोक रखता है। अपनी ज़िंदगी के आखिरी दिनों में बन्ने भाई के रवैये में तब्दीली आ गई थी और उन्होंने मुझसे कहा था कि 'शेर महज़' को वह अपने मज़ामीन के मजमूए में शामिल नहीं करना चाहते, मुझमें और बन्ने

भाई में 'इक़बाल शनासी' पर हमेशा दोस्ताना झड़पें हुआ करती थीं। इक़बाल की शाइरी ने मुझ पर अपना बहुत गहरा असर डाला था। उन्होंने फ़ैज़ और मख्दूम जैसे इंकलाबियों को भी मुतास्सिर किया था बावजूद इसके उनमें मुस्लिम रूढ़िवाद की एक रौ भी थी। वह पहले उर्दू शायर थे, जिन्होंने 1919 में रूसी इंक़लाब का ख़ैर मकदम किया था। इब्तिदा में बन्ने भाई इस तजाद (अंतर्विरोध) को मानने के लिए तैयार नहीं थे। जो लेनिन ने तालस्ताय में और गोर्की ने पुश्किन में देखा था। लेकिन यह जिक्र दिलचस्पी से खाली न होगा कि बाद में उन्होंने इक़बाल के बारे में अपनी राय बदल दो। बन्ने भाई से मेरी आखिरी मुलाकात इस साल मार्च के आखिर या अप्रैल के शुरू में हुई थी, जब उन्होंने देहली यूनिवर्सिटी में इक़बाल सेमिनार का इफ्तताह किया और मैंने इक़बाल पर एक मकाला (आलेख) पढ़ा। यह सेमिनार इकबाल के सद्साला जश्न की तैयारी के सिलसिले में हुआ था।

मुल्क की तक्सीम के बाद बन्ने भाई 1948 में पाकिस्तान चले गए ताकि वहाँ कम्युनिस्ट पार्टी की तंजीम कर सकें। शुरू में वह भूमिगत तरीके से काम करते रहे। चंद साल बाद उन्हें फ़ौज के कुछ अफसरों के साथ रावलपिंडी साजिश केस में गिरफ्तार कर लिया गया। सजा के बाद उन्हें ब्लूचिस्तान की एक जेल में रखा गया। उन्होंने पाकिस्तान की जेलों में पाँच साल काटे। सरकारी वकील ने उनके लिए सजा-ए-मौत का मुतालिबा किया था। लेकिन इससे डरने के बजाए फ़ैज़ ने जेल में अपनी बेहतरीन नज़्में और ग़ज़लें कहीं और सज्जाद ज़हीर ने अपने अदबी तास्सुरात और यादों की किताब 'रोशनाई' लिखी और ईरान के अजीम ग़ज़लगो शायर 'हाफिज़' पर एक किताब लिखी। उन कठिन दिनों में अपने घर से और अपने बीवी बच्चों से दूर उन्हें सिर्फ उनके अकायद की पुख़्तगी (वैचारिक दृढ़ता) ने हिम्मत व हौसला दिया। रजिया आपा लखनऊ में अपनी प्यारी बेटियों की जद्दोजहद अकेली करती रहीं। उन्होंने उन कठिन दिनों में बेमिसाल हिम्मत का सुबूत दिया, जब बन्ने भाई पहली मरतबा 1939 में जेल गए तो रजिया आपा ने इलाहाबाद यूनिवर्सिटी में दाखिला लेकर उर्दू अदब में एम.ए. किया और जब बन्ने भाई मौत के साए तले पाकिस्तान की जेलों में कैद रहे तो रजिया आपा आला दर्जे की कहानीकार बन गईं।

सज्जाद ज़हीर और फ़ैज़ कैद ही थे जब मुझे दिसंबर 1954 में मास्को में सोवियत अदीबों की दूसरी कांग्रेस में शिरकत का मौका मिला। जब मैंने चालीस खंभों वाले बड़े हाल में तक़रीर की और हिंदुस्तानी अदीबों की तरफ से तोहफ़े के तौर फ़ैज़ की नज़्मों का एक मुख़्तसर सा मजमूआ (संकलन) सज्जाद ज़हीर के नाम पेश किया तो कांग्रेस के तमाम शिरकत करने वालों ने खड़े होकर देर तक तालियाँ बजाईं। हिंदुस्तान व पाकिस्तान के लिखने वालों को जिनके रहनुमा सज्जाद ज़हीर और फ़ैज़ थे, यह सोवियत अदीबों की तरफ से प्यार व भाई चारगी का पैग़ाम था। हिंदुस्तान की तहरीक और सारी दुनिया के अदीबों-दानिश्वरों के दोहरे दबाव की वजह से बन्ने

भाई को 1955 में रिहा किया गया। वह हिंदुस्तान वापस आ गए। पहले वह लखनऊ में रहे और फिर देहली में सुकूनत पजीर हो गए। जहाँ वह कम्युनिस्ट पार्टी के कल्चरल लीडर की हैसियत से काम करते रहे।

हिंदुस्तान आने के साल भर के अंदर-अंदर उन्होंने डॉ. मुल्कराज आनंद के साथ मिलकर नई दिल्ली में एशियाई अदीबों की पहली कान्फ्रेंस आयोजित की। जो बिलआखिर अफ्रो-एशियाई अदीबों की जबरदस्त तहरीक बन गई। जो तरक्की पजीर (विकासशील) मुल्कों के साम्राज्य दुश्मन तख्लीखी अदब के लिए एक ताकतवर फोरम और इंसान के वकार (गरिमा) को बहाल करने की तहरीक है।

अपनी ज़िंदगी के आखिरी दस बरसों में उन्होंने कुछ नज्में लिखीं और उनका मज्मूआ शाया किया। 'पिघला नीलम' यह विवादास्पद किताब है। बाजलोग शाइरी की तारीफ (व्याख्या) के बारे में अपनी पुरानी जड़ सोच की वजह से, उसे अच्छी शायरी नहीं मानते।

सज्जाद ज़हीर : परिचयवृत्त

❑ अली बाक़र

नाम :	सय्यद सज्जाद ज़हीर (बन्ने भाई)
अदबी नाम :	सज्जाद ज़हीर
वालिद का नाम :	सर सय्यद वज़ीर हसन (1874-1947 ई.)
वालिदा का नाम :	सकीना-अल-फ़ातिमा
तारीख़े-वलादत[1] :	5 नवंबर, 1905 ई.
मक़ामे-पैदाइश[2] :	मँझलेसाहब का मकान, गोलागंज, लखनऊ (उ.प्र.)
भाई-बहनों के नाम :	सय्यद अली ज़हीर नूर फ़ातिमा (मिसेज़ सय्यद अबुल हसन, वालिद प्रोफ़ेसर सय्यद नूरुल-हसन सय्यद हुसन ज़हीर नूर ज़ोहरा (मिसेज़ नज़ीर हुसैन) सय्यद सज्जाद ज़हीर सय्यद बाक़र ज़हीर
शादी :	10 दिसंबर 1938 ई. को ख़ानबहादुर सय्यद रज़ा हुसैन की बड़ी साहबज़ादी रज़िया दिलशाद (रज़िया सज्जाद ज़हीर : 15 फरवरी, 1917-18 दिसंबर, 1979) से अजमेर में हुई।
औलाद :	नजमा ज़हीर बाक़र नसीम भाटिया नादिरा ज़हीर बब्बर नूर ज़हीर

तालीम : मैट्रिक : गवर्नमेंट जुबली हाई स्कूल, लखनऊ; बी.ए. : लखनऊ यूनिवर्सिटी; एम.ए. : ऑक्सफ़ोर्ड यूनिवर्सिटी; बार-ऐट-लॉ, लंदन; डिप्लोमा-इनजर्नलिज़्म, लंदन यूनिवर्सिटी।

सरगर्मियाँ

1919 ई. से 1927 ई. : तहरीके-आजादी[3] में हिस्सा लेना शुरू किया। इंडियन नेशनल काँग्रेस (लंदन ब्रांच) में शिरकत की और अंग्रेजों के ख़िलाफ़ हिंदुस्तानी विद्यार्थियों को जमा किया और प्रदर्शन किए।
हिंदुस्तानी विद्यार्थियों के रिसाले भारत के संपादक बने। यह रिसाला आक्सफ़ोर्ड यूनिवर्सिटी ने बंद करवा दिया।

1929 ई. : इंग्लिस्तान में हिंदुस्तानी कम्युनिस्ट छात्रों का पहला ग्रुप क़ायम किया।

1935 ई. : लंदन में हिंदुस्तानी तरक्क़ीपसंद मुसन्निफ़ीन की अंजुमन क़ायम की और इसका पहला मैनिफ़ेस्टो तैयार किया। बाद में वहीं हिंदुस्तानी मार्क्सिस्ट छात्रों का एक संगठन बनाया और ब्रिटिश कम्युनिस्ट पार्टी से संबंध स्थापित किया। नवंबर 1935 ई. में हिंदुस्तान वापस आए और इलाहाबाद हाईकोर्ट में प्रेक्टिस करने लगे। साथ ही सियासी सरगर्मियों में पूरी तरह डूब गए। इंडियन नेशनल कांग्रेस के रुक्न[4] बने और इलाहाबाद शहर की कांग्रेस कमेटी के जनरल सेक्रेटरी होकर पंडित जवाहरलाल नेहरू के शाना-ब-शाना[5] काम किया। बाद में ऑल इंडिया कांग्रेस कमेटी के मेंबर चुने गए और कांग्रेस के मुख़्तलिफ़ शोबों[6], ख़ास तौर से फ़ारेन अफ़ेयर्स और मुस्लिम मास कांटैक्ट से जुड़े रहे। साथ ही कांग्रेस सोशलिस्ट पार्टी और ऑल इंडिया किसान सभा जैसी तंज़ीमों का संगठन किया और किसानों और मज़दूरों के कल्याण और भलाई के लिए काम किया। इसी दौरान इनका ताल्लुक़ उत्तर प्रदेश के अंडरग्राउंड कम्युनिस्ट लीडरों जैसे कामरेड पी.सी.

जोशी और आर.डी. भारद्वाज वग़ैरह से भी क़ायम हो गया था। आगे चलकर वह कम्युनिस्ट पार्टी ऑफ इंडिया की उत्तर प्रदेश शाखा के सेक्रेटरी मुक़र्रर हुए जो उस वक़्त अंडरग्राउंड थी। उसी ज़माने में वो माहनामा[7] चिनगारी के भी संपादक रहे।

बर्तानिया से वापसी के फ़ौरन बाद ही उन्होंने तरक़्क़ीपसंद लेखकों को यकजा करने के लिए काम शुरू कर दिया।

1936 से 1940 ई. : हिंदुस्तान की अंजुमन तरक़्क़ीपसंद मुसन्निफ़ीन की पहली कान्फ्रेंस लखनऊ में आयोजित की, जिसकी सदारत मुंशी प्रेमचंद ने की थी। इस अंजुमन के सेक्रेटरी चुने गए। बर्तानवी हुकूमत के ख़िलाफ भड़काऊ तक़रीरें करने के जुर्म में तीन बार जेल गए। सेंट्रल जेल, लखनऊ में दो साल क़ैद काटी। क़ैद के दौरान मुख़्तलिफ़ नामों से अख़बारों के लिए लिखते रहे।

1942 ई. : कम्युनिस्ट पार्टी ऑफ इंडिया से पाबंदी हटा ली गई। सज्जाद ज़हीर ने पार्टी के लिए खुलकर काम करना शुरू कर दिया। पार्टी के क़ौमी जंग और नया ज़माना नामी अख़बारों के प्रधान संपादक रहे।

1943 से 1947 ई. तक : प्रगतिशील लेखक संघ का पुनर्गठन करते रहे और मुल्क की सब ज़बानों के अदीबों, शायरों, दानिशवरों[8] और फ़नकारों को इस अंजुमन से जोड़ने में कामयाबी हासिल की। इन दिनों बीवी और दो बेटियों के साथ बालेश्वर रोड, बंबई में क़याम था।

1948 ई. : हिंदुस्तान की तक़सीम के बाद कम्युनिस्ट पार्टी के फ़ैसले के मुताबिक़ वो पाकिस्तान चले गए और वहाँ कम्युनिस्ट पार्टी ऑफ पाकिस्तान के जनरल सेक्रेटरी चुने गए। पाकिस्तान में छात्रों, मज़दूरों और ट्रेड यूनयिन के मेंबरों के संगठन का काम सँभाला और तक़रीबन तीन साल अंडरग्राउंड रहे।

1951 ई. : हुकूमते-पाकिस्तान ने रावलपिंडी साज़िश केस में गिरफ्तार किया। मुक़द्दमा और सज़ा के दौरान हैदराबाद, सिंध, लाहौर, कच्छ और कोयटा की जेलों में इंतहाई तकलीफ़ की हालत में साढ़े चार बरस रहे। इसी दौरान ज़िक्रे-हाफ़िज़ और रौशनाई लिखी गई।

1955 ई. : पाकिस्तान की जेल से रिहाई के बाद हिंदुस्तान वापस लौटे और प्रगतिशील लेखक संघ को दोबारा संगठित किया और जनरल सेक्रेटरी के फ़रायज़ अंजाम दिए।

1958 ई. : ताशक़ंद में आयोजित पहली एफ्रो-एशियन राइटर्स कान्फ्रेंस में शिरकत की और हिंदुस्तान की एफ्रो-एशियन राइटर्स एसोसिएशन के सेक्रेटरी मुक़र्रर हुए।

1959 ई. : तरक़्क़ीपसंद हफ़्तरोज़ा अवामी दौर के प्रधान संपादक मुक़र्रर हुए। बाद में इसी अख़बार का नाम बदलकर हयात रखा गया।

1962 से 1970 ई. : असलहाबंदी और अमन की आलमी कान्फ्रेंस में शिरकत के लिए मास्को गए। हिंदुस्तान की मुख़्तलिफ़ रियासतों (खास तौर से बंगाल, उत्तर प्रदेश, आंध्र प्रदेश, पंजाब, राजस्थान, और महाराष्ट्र) में एफ्रो-एशियन राइटर्स एसोसिएशन को मज़बूत करने का काम किया। हिंदुस्तान से बाहर जर्मनी, पोलैंड, रूस, चेकोस्लोवाकिया, हंगरी, बुल्गारिया और रूमानिया के अदीबों और शायरों में इस तहरीक को फैलाया।

1971 से 1973 ई. : वियतनाम के अदीबों की दावत पर वियतनाम का दौरा किया और वियतनाम, लाओस और कंबोडिया में अमरीकी जुल्म और हिंसा के ख़िलाफ़ काम किया। 13 सितंबर को अल्माअता, सोवियत संघ में दिल की हरकत बंद हो जाने से इंतक़ाल हुआ। जामिया मिल्लिया इस्लामिया, ओखला, नई दिल्ली के क़ब्रिस्तान में दफ़न हुए।

तख़लीक़ात (कृतियाँ)

1935 ई. : अंगारे (अफ़सानों का संग्रह)
बीमार (नाटक)
लंदन की एक रात (उपन्यास)

1942 ई. : नकूशे-ज़िंदाँ (जेल से अपनी बीवी के नाम लिखे गए खतों का संग्रह)

1954 ई. : रौशनाई (तक़्क़ीपसंद तहरीक की तारीख़) जिक्रे-हाफ़िज़ (हाफ़िज़ की शायरी पर शोध)

1964 ई. : पिघला नीलम (नज़्मों का संग्रह)

तर्जुमे (अनुवाद)

आथेलो (शेक्सपियर)

कांदी (वाल्तेयर)

गोरा (रबींद्रनाथ ठाकुर)

पैग़ंबर (ख़लील जिब्रान)

इनके अलावा अदबी, समाजी और सियासी विषयों पर चालीस बरस तक मज़ामीन[9] लिखते रहे, जो हिंदुस्तान और दूसरे मुल्कों के अख़बारात में छपे और रेडियो पर नश्र किए गए।

सफ़र

1927 ई. और 1973 ई. के दरमियान इन मुल्कों का बराबर दौरा किया—बर्तानिया, फ्रांस, बेलजियम, जर्मनी, आस्ट्रिलिया, इटली, स्विट्ज़रलैंड, रूस, पोलैंड, चेकोस्लोवाकिया, रूमानिया, बुल्गारिया, हंगरी, मिस्र, अल्जीरिया, लेबनान, शाम, इराक़ अफ़गानिस्तान, क्यूबा, वियतनाम, श्रीलंका और पाकिस्तान।

सन्दर्भ

1. जन्मतिथि 2. जन्मस्थान 3. स्वाधीनता आंदोलन 4. सदस्य 5. कंधे से कंधा मिलाकर 6. विभागों 7. मासिक पत्र 8. बुद्धिजीवियों 9. लेख (मज़मून का बहुवचन)।

❑❑❑